Die Geschichte der Greisenbildung

Von der Renaissance bis ins 19. Jahrhundert

von

Andreas Ledl

Tectum Verlag
Marburg 2001

Die Deutsche Bibliothek - CIP-Einheitsaufnahme

Ledl, Andreas:
Die Geschichte der Greisenbildung.
Von der Renaissance bis ins 19. Jahrhundert.
/ von Andreas Ledl
- Marburg : Tectum Verlag, 2001
ISBN 3-8288-8283-8

© Tectum Verlag

Tectum Verlag
Marburg 2001

Inhaltsverzeichnis

1. EINFÜHRUNG 5

2. MICHEL DE MONTAIGNE (1533-1592) 11

2.1 Zur Person Montaignes 13
2.2 Renaissance und Humanismus 14
2.3 Das Bild des alten Menschen in der Gesellschaft des 16. Jahrhunderts 19
2.4 Die „Essais" 21
2.5 Alter und Bildung bei Montaigne 22
2.6 Schlußfolgerungen 26

3. JOHANN AMOS COMENIUS (1592-1670) 29

3.1 Leben und Werk 31
3.2 Comenius zwischen Humanismus und Aufklärung 33
3.3 Der alte Mensch im 17. Jahrhundert 35
3.4 Die „Pampaedia" 37
3.5 Die „scuola senii" 38
3.6 Schlußfolgerungen 43

4. FRIEDRICH DANIEL ERNST SCHLEIERMACHER (1768-1834) 45

4.1 Schleiermachers Lebensweg 47
4.2 Idealismus, Klassik und Romantik 49
4.3 Das Ansehen der Greise im 18. Jahrhundert 51
4.4 Der idealistische Bildungsbegriff 53
4.5 Ewige Jugend als Bildungsideal für alte Menschen 54
4.6 Schlußfolgerungen 59

5. ARTHUR SCHOPENHAUER (1788-1860) 61

5.1 Biographische Auszüge aus Schopenhauers Leben 63
5.2 Das 19. Jahrhundert: Schopenhauer als Gegner des Rationalismus 64
5.3 Das Verhältnis von Gesellschaft und Alter im 19. Jahrhundert 66
5.4 Das Alter als Ent-Täuschung 67
5.5 Schlußfolgerungen 71

6. VERGLEICHENDE ZUSAMMENFASSUNG 73

7. HISTORISCHE IMPULSE FÜR DIE MODERNE
   AKADEMISCHE ALTENBILDUNG AM BEISPIEL
   DER HOCHSCHULE HOLZEN 77

8. NACHWORT 81

9. LITERATURVERZEICHNIS 83

9.1 Primärliteratur 83
9.2 Sekundärliteratur 83

1. Einführung

Oberflächlich betrachtet könnte man Greisenbildung als einen lediglich etwas spezielleren Bestandteil der Erwachsenenbildung ansehen. Auf den ersten Blick erscheint dies richtig, da ältere beziehungsweise alte Menschen zweifellos „erwachsen" sind. Tatsächlich existieren sogar fundierte Argumente für eine solche Betrachtungsweise, die auf der Ansicht beruhen, „man wolle dadurch einer Isolierung der älteren Leute – in Theorie und Praxis – entgegentreten"[1].

Dabei sollte jedoch beachtet werden, daß das 3. und 4. Lebensalter die Betroffenen vor Aufgaben stellt, welche es in keinem anderen Lebensabschnitt in dieser Weise zu bewältigen gilt. Hierzu zählen, um nur einige zu nennen, die Auseinandersetzung mit der eigenen Endlichkeit, Partnerverlust, Pensionierung und ganz allgemein die „Regulation von Verlusten"[2] sowohl physischer wie psychischer Natur. Solche Besonderheiten, die das Alter(n) als Entwicklungsaufgabe prädestinieren, rechtfertigen einen Eigenständigkeitsanspruch der Greisenbildung gegenüber Erwachsenenbildung und lassen es als wenig sinnvoll erscheinen, „Altenbildung völlig unter Erwachsenenbildung zu subsumieren"[3]. Rechnung getragen wird diesem „Separatismus" nicht zuletzt durch Begrifflichkeiten wie „Geragogik" und „Gerontagogik", beides pädagogische Ableger des interdisziplinären

---

[1] Bubolz-Lutz, Elisabeth: Bildung im Alter. Eine Analyse geragogischer und psychologisch-therapeutischer Grundmodelle. 2. Auflage. Freiburg (Brsg.) 1984 (im Folgenden zitiert als: Bubolz-Lutz, 1984). S. 13.

[2] Baltes, Paul B.: Die unvollendete Architektur der menschlichen Ontogenese: Implikationen für die Zukunft des 4. Lebensalters. In: Engelkamp, Johannes (Hrsg.): Psychologische Rundschau. Offizielles Organ der Deutschen Gesellschaft für Psychologie. Bd. 48. Göttingen; Bern; Toronto; Seattle 1997. S. 191-210 (im Folgenden zitiert als: Baltes, 1997). Hier: S. 196.

[3] Bubolz-Lutz, 1984 (wie Anm. 1). S. 13.

Konglomerats „Gerontologie", verstanden als die „"Wissenschaft vom Altern und vom alternden Menschen""[4].

Die Geschichte der (modernen) Altenbildung wird in ihren Anfängen auf die 50er Jahre des 20. Jahrhunderts datiert und als „eine späte Erscheinung unserer Kulturgeschichte"[5] gewertet. Von einem ursprünglich kurativ-geragogischen Ansatz, bei dem „angesichts der Not vieler alter Menschen in den Großstädten (...) ein humanitärer Hilfegedanke zur Erleichterung des Lebens im Vordergrund"[6] stand, entwickelte sie sich durch das Hinzukommen einer an erzieherischen Aspekten orientierten Altenbildung[7] zu einem „Hilfsangebot für Menschen in einem besonders krisenhaften Abschnitt des Lebens"[8] und erreichte zu Beginn der 80er Jahre ihren zwischenzeitlichen Höhepunkt, indem man Universitäten bewußt für ältere Erwachsene öffnete[9]. In der letzten Dekade des ausgegangenen Jahrhunderts entdeckte man Bildung dann endgültig als eine der wichtigsten Altersressourcen[10].

Die aus diesem Prozeß resultierende Differenzierung des Bildungsbegriffes in lebensweltbezogen, lebenspraktisch, schöpferisch-kulturell, technisch, gesellschaftlich und politisch[11] zeigt die Pluralität desselben, reicht sie doch von Lebensberatung bis hin zu reiner Wissensvermittlung. Und

---

[4] Bubolz-Lutz, 1984 (wie Anm. 1). S. 14.
[5] Arnold, Brunhilde: Geschichte der Altenbildung. In: Becker, Susanne/ Veelken, Ludger/Wallraven, Klaus P. (Hrsg.): Handbuch Altenbildung. Theorien und Konzepte für Gegenwart und Zukunft. Opladen 2000. S. 15-38 (im Folgenden zitiert als: Arnold, 2000). Hier: S. 15.
[6] Arnold, 2000 (wie Anm. 5). S. 19.
[7] Vgl. Arnold, 2000 (wie Anm. 5). S. 19.
[8] Arnold, 2000 (wie Anm. 5). S. 23.
[9] Vgl. Arnold, 2000 (wie Anm. 5). S. 25.
[10] Vgl. Arnold, 2000 (wie Anm. 5). S. 29f.
[11] Vgl. Arnold, 2000 (wie Anm. 5). S. 30ff.

eben diese unterschiedlichen Auffassungen erweisen sich als ursächlich für die „Entdeckung des Alters"[12] in der heutigen Gesellschaft.

Ein zentrales, oft benanntes Argument zur Rechtfertigung von Altenbildung stellen die Umwälzungen in der demographischen Struktur dar: „während der Anteil der Kinder – verglichen mit früheren Jahrzehnten – in der Bundesrepublik Deutschland abnehme, steige der Anteil der alten Menschen immer mehr"[13]. Hieraus läßt sich ableiten, daß, je länger eine gewisse Selbständigkeit von Senioren aufrechterhalten werden kann, die vom Staat zu leistenden Versorgungskosten entsprechend geringer sind[14]. Ein weiterer Punkt, der mehr an den Bedürfnissen alter Menschen orientiert ist, versteht Bildung als Unterstützungsangebot bei dem Bestreben, mit den von der Jugend diktierten, rasanten gesellschaftlichen Entwicklungen mitzuhalten[15]. Propagiert wird eine „,Humanisierung der Lebensbedingungen'", damit sich auch ein Greis noch in der Lage sieht, „durch Bildungsangebote (...) sein eigenes und auch gesellschaftliches Leben zu gestalten"[16].

Diese Aufzählung kann nur einen Bruchteil der theoretischen Gesichtspunkte wiedergeben. Zusammenfassend lassen sich „hinter den diversen Begründungsversuchen zu einer Bildung in der letzten Lebensphase (...) jeweils unterschiedliche Menschenbilder finden, die von den persönlichen Interessen und Einstellungen derer geprägt sind, die Bildung anbieten wollen"[17]. Ein sinnvolles Konzept sollte Ziele wie „Vorbeugen von Altersabbau, Erhaltung vorhandener Kompetenzen, Reparation bzw. Ausgleich von Defiziten, Lebensbereicherung, Hilfe bei Sinnfindung und Lebensintegration" und die „Vertretung von Interessen in der Öffentlich-

---

[12] Borscheid, Peter: Geschichte des Alters. Bd. 1. 16.-18. Jahrhundert (Studien zur Geschichte des Alltags. Bd. 7). 2. Auflage. Münster 1987 (im Folgenden zitiert als: Borscheid, 1987). S. 7.
[13] Bubolz-Lutz, 1984 (wie Anm. 1). S. 10.
[14] Vgl. Bubolz-Lutz, 1984 (wie Anm. 1). S. 10.
[15] Vgl. Bubolz-Lutz, 1984 (wie Anm. 1). S. 10.
[16] Bubolz-Lutz, 1984 (wie Anm. 1). S. 10.
[17] Bubolz-Lutz, 1984 (wie Anm. 1). S. 10.

keit" beinhalten, denn nur dann ist der alte Mensch „in allen Dimensionen seiner Existenz"[18] gefordert. Kleinster gemeinsamer Nenner und dadurch Grundvoraussetzungen sind jedoch die Annahmen der „Gleichwertigkeit der Phase des Alters gegenüber anderen Lebensphasen"[19] sowie der prinzipiellen Möglichkeit von Bildung im Alter.

Aufgrund dieser Darstellung könnte man verleitet sein, Greisenbildung als ein „Kind des 20. Jahrhunderts" zu betrachten. Wie wichtig allerdings eine geschichtsbewußte Aufarbeitung des Themas ist, zeigt die Erkenntnis, daß „die Entscheidung für die eine oder andere Zielsetzung innerhalb erziehungswissenschaftlicher Theorien (.) sich letztendlich immer auf ein bestimmtes Verständnis vom Menschen"[20] stützt und deshalb nicht erst seit Ende des 2. Weltkriegs Gegenstand (erziehungs)philosophischer Betrachtung sein kann. Zurecht fordert Arnold, „die Geschichte der Bildung im Alter mit einem weiteren Blick zurück auf das Dasein der Alten in der Geschichte zu verknüpfen"[21].

Aufgabe dieser Arbeit wird es somit sein, anhand von 4 exemplarisch gewählten Autoren, namentlich Michel de Montaigne, Johann Amos Comenius, Friedrich Daniel Ernst Schleiermacher und Arthur Schopenhauer, die historischen Wurzeln der Greisenbildung – von der Renaissance bis ins 19. Jahrhundert – chronologisch zu untersuchen. Die Ausführungen erfolgen unter angemessener Berücksichtigung von biographischen Daten, relevanten Ereignissen, gesellschaftlichen Gegebenheiten und geistesgeschichtlichen Entwicklungen dieses Zeitraumes. Bei Montaigne wie Comenius müssen zusätzlich noch die übergeordneten Werke einbezogen werden, die in höchstem Maße mit dem Alterskontext verknüpft sind. Auf der Grundlage der gewonnenen Erkenntnisse werden dann die Berührungspunkte der einzelnen Autoren erläutert. Den Abschluß bildet eine am Beispiel der

---

[18] Bubolz-Lutz, 1984 (wie Anm. 1). S. 175.
[19] Bubolz-Lutz, 1984 (wie Anm. 1). S. 10.
[20] Bubolz-Lutz, 1984 (wie Anm. 1). S. 9.
[21] Arnold, 2000 (wie Anm. 5). S. 15.

Hochschule Holzen konkretisierte Untersuchung der Frage, ob und inwieweit von den besprochenen Schriften Anregungen für Gegenwart und Zukunft ausgehen.

2. Michel de Montaigne
   (1533-1592)

2.1 Zur Person Montaignes

Geboren wird „der große ‚Gedankenerreger' der französischen Renaissance"[22] am 28. Februar 1533 auf dem familieneigenen Herrensitz Saint Michel de Montaigne bei Bordeaux. Da er Sproß eines Schloßbesitzers ist, erhält er „nach der ersten lateinhumanistischen Erziehung die standesgemäße Ausbildung eines Edelmannes auf einer der sogenannten Adelsakademien"[23]. In dem berühmten Kollegium „Schola Aquitanica" lernt der junge Michel allerdings nur wenig[24]. Auf Wunsch des Vaters, der seinen Sohn die „Beamtenlaufbahn der noblesse de robe"[25] einschlagen sehen will, widmet er sich dem Rechtsstudium. Im Alter von 24 Jahren kommt er „als Richter und Rat ins Parlament von Bordeaux"[26] und tritt den Posten an, der bis dahin von seinem Vater bekleidet worden war[27].

1570 gibt Messire Michel, Seigneur de Montaigne[28], wie er inzwischen heißt, sein Amt auf, um sich in dem Turmzimmer des Herrensitzes inmitten einer beachtlichen Bibliothek vollkommen der Betrachtung des Lebens zu widmen sowie die Verwaltung seines Gutes zu übernehmen[29]. Zwei Jahre später beginnt er dann die Arbeit an den „Essais". Auf einer seiner ausgedehnten Reisen durch Frankreich, Deutschland und Italien erreicht ihn 1581 die Nachricht, er solle in der Stadt Bordeaux Bürgermeister werden[30].

---

[22] Rein, W. (Hrsg.): Encyklopädisches Handbuch der Pädagogik. 2. Auflage. Langensalza 1903-1911 (im Folgenden zitiert als: Rein, 1903-1911). Bd. 5. S. 911.
[23] Friedrich, Hugo: Montaigne. 3. Auflage. Tübingen; Basel 1993 (im Folgenden zitiert als: Friedrich, 1993). S. 14.
[24] Vgl. Rein, 1903-1911 (wie Anm. 22). Bd. 5. S. 911.
[25] Friedrich, 1993 (wie Anm. 23). S. 14.
[26] Friedrich, 1993 (wie Anm. 23). S. 14.
[27] Vgl. Rein, 1903-1911 (wie Anm. 22). Bd. 5. S. 911.
[28] Vgl. Friedrich, 1993 (wie Anm. 23). S. 15.
[29] Vgl. Schwartz, Herrmann (Hrsg.): Pädagogisches Lexikon. Bielefeld; Leipzig 1928-1931 (im Folgenden zitiert als: Schwartz, 1928-1931). Bd. 3. S. 732.
[30] Vgl. Friedrich, 1993 (wie in Anm. 23). S. 15.

Dieses Amt nimmt er zwar nur widerstrebend an[31], übt es aber wohl so gut aus, daß er nach Ablauf einer Periode wiedergewählt wird[32]. Montaigne beschreibt sich selbst als einen kleinen Mann „mit sanften Augen, breiter Stirn, schön gebildeter Nase, vollem, braunem Barte, rundem Kopfe, kleinen Ohren und kleinem Mund, frischer Gesichtsfarbe, angenehmem Gesichtsausdruck und proportioniertem Bau und darum nicht häßlicher, weil er nicht sechs Fuß hoch"[33] sei. Er stirbt am 13. September 1592.

2.2 Renaissance und Humanismus

Den geschichtlichen Ausgangspunkt der Untersuchung bildet die „Renaissance". Als Epochenbegriff markiert sie den Zeitraum zwischen etwa 1300[34] bis Anfang des 16. Jahrhunderts und kennzeichnet den „tiefgreifenden Strukturwandel der abendländischen Gesamtkultur"[35] am Übergang des Mittelalters zur Neuzeit. Durch die Wiederbelebung des altertümlichen Geistes erschienen weltanschauliche wie auch künstlerische und politischen Fragen in einem neuen Licht[36]. Wichtigster Leitgedanke und „eigentliches Grundmotiv der Renaissance"[37]war dabei „das Verlangen und Streben nach Herstellung selbständigen Denkens und vollwertigen Eigenlebens der Einzelpersönlichkeit wie der Gesamtheit, unter Loslösung von

---

[31] Vgl. Schwartz, 1928-1931 (wie Anm. 29). Bd. 3. S. 732.
[32] Vgl. Friedrich, 1993 (wie in Anm. 23). S. 15.
[33] Rein, 1903-1911 (wie Anm. 22). Bd. 5. S. 911.
[34] Die Historiker streiten darüber, wann genau der Beginn dieser Epoche zu datieren ist. Dabei ergibt sich eine zeitliche Spanne von 1200-1600. Als Anhaltspunkt für die oben angegebene Jahreszahl werden die Italiener Dante (1265-1321), Petrarca (1304-1374) und Boccaccio (1313-1375) zu Grunde gelegt. Vgl. Elzer, Hans-Michael: Begriffe und Personen aus der Geschichte der Pädagogik. Frankfurt a. M.; Bern; New York 1985 (im Folgenden zitiert als: Elzer, 1985). S. 208.
[35] Reble, Albert: Geschichte der Pädagogik. 17. Auflage. Stuttgart 1993 (im Folgenden zitiert als: Reble, 1993). S. 67.
[36] Vgl. Reble, 1993 (wie Anm. 35). S. 67.
[37] Schwartz, 1928-1931 (wie Anm. 29). Bd. 4. S. 154.

der mittelalterlichen Gebundenheit durch Traditionalismus und Scholastik"[38].

Ihren Ursprung hatte die Renaissance-Bewegung in Italien, wo ergänzend zum Credo der individuellen Entfaltung noch eine historische Dimension zu Tage trat, da sich die Italiener als legitime Nachfolger und Erben einer, vom alten Römischen Imperium hinterlassenen, glanzvollen und hochstehenden Kultur betrachteten, welche nur vorübergehend durch den Zerfall des Reiches unterbrochen worden sei[39]. Erklärtes Ziel war es deshalb, die einst überragende Bedeutung des italienischen Volkes zurückzugewinnen „und das alte, großzügige Kulturleben neu aufzubauen, womit dann von selbst jene erstrebte Wiedergeburt der Menschheit sich verwirklichen müsse"[40]. Um diese zu erreichen, entsann man sich eines Ciceros und Quintilians, deren ausnehmend gute Rhetorik zur Nachahmung anregen sollte[41]. Sprachliche Gewandtheit zeichnete einen „auf der Höhe der Bildung stehenden, der großen Vergangenheit ebenbürtigen modernen Menschen"[42] aus.

Die in der Folgezeit das ganze Abendland durchdringende Renaissance-Bewegung bedeutete fraglos einen weitgehenden Fortschritt gegenüber dem Mittelalter, vor allem in Bezug auf die dort vorherrschende „Gebundenheit des Denkens"[43]. Sie hatte in Frankreich, England, Deutschland und Spanien nicht nur die römische Antike, sondern auch die klassische Philosophie des Griechentums zum Vorbild[44]. Das vertiefte Verständnis für antike Schriftsteller[45] sowie die damit verbundene neue „Lebenslust und

---

[38] Schwartz, 1928-1931 (wie Anm. 29). Bd. 4. S. 154f.
[39] Vgl. Schwartz, 1928-1931 (wie Anm. 29). Bd. 4. S. 155.
[40] Schwartz, 1928-1931 (wie Anm. 29). Bd. 4. S. 155.
[41] Vgl. Schwartz, 1929 (wie Anm. 29). Bd. 4. S. 155.
[42] Schwartz, 1928-1931 (wie Anm. 29). Bd. 4. S. 155.
[43] Schwartz, 1928-1931 (wie Anm. 29). Bd. 4. S. 158.
[44] Vgl. Schwartz, 1928-1931 (wie Anm. 29). Bd. 4. S. 155.
[45] Vgl. Reble, 1993 (wie Anm. 35). S. 80.

Weltfreude"[46] war ausschlaggebend für die seit Mitte des 14. Jahrhunderts einsetzende Blüte der Kunst und Dichtung in den kulturell hochentwickelten Ländern Europas[47]. Den entscheidenden Schritt zur Selbständigkeit gegenüber dem Mittelalter wie auch gegenüber dem Altertum erwirkte jedoch erst die Herausbildung eines novellierten Weltbildes. Dessen Entwicklung ergab sich „besonders aus der neuen Hinwendung zur Erfahrung und aus der Orientierung der neuen Wissenschaft an Mathematik und Experiment, wie sie sich in Italien von Leonardo da Vinci bis Gallilei, in Deutschland von Kopernikus bis Kepler verfolgen lässt"[48].

Untrennbar mit dem Zeitalter der Renaissance ist die Entstehung des Humanismusideals verbunden. Der Humanismus ist ein Teil der Renaissance und stellt im wesentlichen „die wissenschaftlich-pädagogische Seite dieses epochalen Vorganges"[49] dar. Vorbereitet wurde die Idee der feinen Geistesbildung seit dem 13. Jahrhundert, deutlich erkennbar ist sie dann im 14. Jahrhundert[50]. Entsprechend der in diesem Kapitel bereits angeführten Feststellungen orientierte man sich in der literarischen Zunft an römischen Vorbildern[51], ab dem 15. Jahrhundert wandte man sich ebenso den Griechen zu. Der neugeweckte wissenschaftliche Trieb kam auch vielen Fachwissenschaften zugute, so daß Rechtslehre, Philosophie, Geschichte, Geographie, Musik und Politik neue Anregungen aus der Antike erhielten[52]. Die Bildung zur Menschlichkeit fand nicht nur in Italien und Deutschland Anklang, sondern überwand die Grenzen nahezu aller anderen europäischen Länder[53]. Dabei muß in Frankreich auf eine Besonderheit

---

[46] Reble, 1993 (wie Anm. 35). S. 74.
[47] Vgl. Schwartz, 1928-1931 (wie Anm. 29). Bd. 4. S. 157.
[48] Reble, 1993 (wie Anm. 35). S. 72.
[49] Reble, 1993 (wie Anm. 35). S. 69.
[50] Gemeint sind hier die italienischen Alt-Humanisten L. Colluccio Salutati (1331-1406), Leonardo Bruni (1370-1444) und Vittorio de Feltre (1373-1446). Vgl. Elzer, 1985 (wie Anm. 34). S. 208f.
[51] Vgl. Reble, 1993 (wie Anm. 35). S. 80.
[52] Vgl. Elzer, 1985 (wie Anm. 34). S. 206ff.
[53] z. B. England, Frankreich, Spanien. Vgl. Schwartz, 1928-1931 (wie Anm. 29). Bd. 4. S. 166.

hingewiesen werden. Zu einer Zeit, als die Bewegung allgemein schon wieder im Abflauen begriffen war, wurde dort der humanistische Geist in einer Form vertreten, von der auch im 16. Jahrhundert noch Anregungen ausgingen[54]. Eine der visionären Einzelpersönlichkeiten, die „den echten Geist des ‚Humanismus'" neu belebten und so den ursprünglichen Gedanken der großen Renaissancebewegung erneut aufnahmen, nämlich „die Befreiung von aller traditionellen und autoritativen Gebundenheit und Verselbständigung des ganzen Denkens und Strebens zu vollendeter Selbstentfaltung und -betätigung eigenen innersten Menschentums"[55], war Montaigne.

Bevor nun aber die konkrete Auseinandersetzung mit seinen „Essais" erfolgt, muß in diesem Zusammenhang noch ein kurzer Blick auf die Geschichte der (humanistischen) Erwachsenenbildungskonzeption bis 1600 geworfen werden, um den Autor besser in den Kontext zu stellen beziehungsweise später mögliche Inspirationen, Entwicklungen oder Innovationen aufzeigen zu können.

Bereits in der Vorrede seines Traktats „über die Erziehung der Kinder (De Liberorum Educatione 1450)"[56] kündigt Aeneas Sylvius Piccolomini (1405-1464) einen vierfachen Studienplan „für den ‚königlichen Knaben, Jüngling, Mann und Greis'"[57] an, von dem er leider nur den ersten Teil ausformulierte[58]. Man erkennt aber durchaus, daß der Gebildete im Frühhumanismus von der Realisierung des „universalen Menschen"[59] unter Einbeziehung sämtlicher Lebensalter träumte.

---

[54] Als Vorbild diente der Spanier Vives (1492-1540), Montaigne führte diese Richtung weiter, und bei Rousseau kam der Gedanke vollends zum Tragen. Vgl. Schwartz, 1928-1931 (wie Anm. 29). Bd. 4. S. 166.
[55] Schwartz, 1928-1931 (wie Anm. 29). Bd. 4. S. 165.
[56] Pöggeler, Franz (Hrsg.): Handbuch der Erwachsenenbildung. Stuttgart; Berlin; Köln; Mainz 1974-1981 (im Folgenden zitiert als: Pöggeler, 1974-1981). Bd. 4. S. 18.
[57] Pöggeler, 1974-1981 (wie Anm. 56). Bd. 4. S. 18.
[58] Vgl. Pöggeler, 1974-1981 (wie Anm. 56). Bd. 4. S. 18.
[59] Pöggeler, 1974-1981 (wie Anm. 56). Bd. 4. S. 18.

Das Erwachsenenbild manifestierte sich in der Auseinandersetzung mit Literatur und auf Zusammenkünften von Adeligen und Mitgliedern des Hofstaates[60]. So wurden dort Neuerscheinungen wie die 1516 entstandene „Utopia" des Thomas Morus (1478-1535) besprochen, die richtungsweisend auf eine human zu gestaltende Zukunft ausgerichtet war[61]. Doch die humanistische „‚Erwachsenenelite'" setzte sich nicht nur „aus der alten Führungsschicht", welche „in der Gestalt des Hofmanns (...) die Führungsprivilegien des Adels mit den humanistischen Bildungsanforderungen"[62] verband, zusammen, sondern vielmehr auch aus Humanisten der unteren Schichten, welche sich so gegenüber ihren Mitbürgern hervortaten[63]. Wichtiges Werkzeug für die Anhänger der feinen Geistesbildung war dabei die Partizipation am internationalen, wissenschaftlich-geistigen Austausch „in der Dimension der Wissenschaft, Literatur und des Buchs"[64].

Als bedeutendster Vertreter des europäischen Humanismus wird zweifellos Erasmus von Rotterdam (1465-1536) angesehen, der den Humanisten als belesenen, mit Gott, Welt und Bewußtsein in Einklang lebenden Intellektuellen zeichnete, dessen wissenschaftliches und geistiges Engagement in der Lebensmitte angesiedelt war[65]. Der in Bildungsfragen als höchste Instanz Europas geltende Erasmus provozierte dadurch natürlich zwangsläufig Konflikte mit der geriatrisch dominierten[66] Kirche, gegen die seit Beginn der Renaissance revoltiert wurde. Der Weg für die Reformation war somit geebnet[67], und auch wenn einige reformatorische Bewegungen

---

[60] Vgl. Pöggeler, 1974-1981 (wie Anm. 56). Bd. 4. S. 17.
[61] Vgl. Pöggeler, 1974-1981 (wie Anm. 56). Bd. 4. S. 18.
[62] Pöggeler, 1974-1981 (wie Anm. 56). Bd. 4. S. 18.
[63] Vgl. Pöggeler, 1974-1981 (wie Anm. 56). Bd. 4. S. 19.
[64] Pöggeler, 1974-1981 (wie Anm. 56). Bd. 4. S. 18.
[65] Vgl. Pöggeler, 1974-1981 (wie Anm. 56). Bd. 4. S. 19.
[66] Vgl. Palouš, Radim: Die Schule der Alten. J. A. Comenius und die Gerontagogik (Veröffentlichungen der Comeniusforschungsstelle Bochum. Nr. 10). Kastellaun/ Hunsrück 1979 (im Folgenden zitiert als: Palouš, 1979). S. 59.
[67] Vgl. Reble, 1993 (wie Anm. 35). S. 79.

(Luther, Calvin, die Puritaner usw.) das Greisenalter weiterhin respektierten, setzte sich „in der Folgezeit in immer stärkerem Maße die adultophile Einstellung durch"[68].

2.3 Das Bild des alten Menschen in der Gesellschaft des 16. Jahrhunderts

Nach Borscheid befanden sich alte Menschen in der Zeit von 1350 bis 1648/80 „im Tal der Verachtung"[69]. Sie wurden nicht mehr als vollwertige Mitglieder der Gesellschaft betrachtet, und zusätzlich schwand der Respekt der Mitmenschen durch Klagen über auftretende Altersgebrechen wie Kraft-, Gehör- und Gedächtnisverlust[70]. Daß dieser bereits im späten Mittelalter einsetzende Prozeß der Stigmatisierung des Alters als Summe der Leiden, die „die Mühsale und Härten des Lebens bei den meisten Menschen äußerlich wie innerlich hinterlassen haben"[71], im 16. Jahrhundert seinen Höhepunkt erreichte, ist auf mehrere Ursachen zurückzuführen.

Zum Einen spielten die allgegenwärtigen „Kriege, Pestwellen und (.) vielfältigsten Notlagen"[72] eine tragende Rolle, durch welche in Verbindung mit der Reformation und Glaubenskämpfen der Eintritt ins Alter im Vergleich zu vorangegangenen Jahrhunderten deutlich nach vorne verschoben wurde. Der letzte Lebensabschnitt symbolisierte ein Sammelbecken dieser Trostlosigkeit, die sich dort in einem noch nie dagewesenen Ausmaß verdichtete[73].

Solche Lebensumstände gingen am Gemüt der älteren Menschen natürlich nicht spurlos vorbei, weshalb sie ihren Zeitgenossen geradezu griesgrämig,

---

[68] Palouś, 1979 (wie Anm. 66). S. 59.
[69] Borscheid, 1987 (wie Anm. 12). S. 11.
[70] Vgl. Borscheid, 1987 (wie Anm. 12). S. 14.
[71] Borscheid, 1987 (wie Anm. 12). S. 15.
[72] Borscheid, 1987 (wie Anm. 12). S. 14.
[73] Vgl. Borscheid, 1987 (wie Anm. 12). S. 14.

verdrossen oder argwöhnisch vorkommen mußten, was wiederum das gängige Altersbild bestätigte respektive noch abschreckender machte[74].

Desweiteren gilt die Renaissance als eine Epoche, welche im künstlerischen Schaffen die Jugend verherrlichte[75]. Die Literatur dieser Zeit war „durchdrungen von einer neuen Weltlust und einem neuen Persönlichkeitsbewusstsein"[76]. Der Jugendkult entsprang der aus dem täglichen Leben gewonnenen Erkenntnis, „in der Regel früh, unverhofft und nach Ausbruch einer Krankheit schnell zu sterben"[77]. Bereits mit 40 Jahren galt man als alt und dem Tod nahe[78].

Als Folge daraus erreichten viele Männer bereits in sehr jungen Jahren respektable Anstellungen[79], was Montaignes Biographie idealtypisch beweist. Auch als er sich 1570, mit 38 Jahren, auf sein „Altenteil" zurückzieht, scheint der Franzose eine Musterpersönlichkeit bezüglich des Lebenslaufs der damaligen Zeit darzustellen.

Das Altersbild des 16. Jahrhunderts ist also gänzlich verschieden von den „geistig so kraftvollen, tapferen und selbstbewußten Greisen"[80], wie sie von Cicero oder Vergil beschrieben wurden. Die zeitgenössische Dichtung stellte keine alten Menschen in den Mittelpunkt[81]. Zwar war „seit dem Humanismus die hohe soziale Stellung der Geronten in der Antike bekannt"[82], doch von Seiten der didaktischen Literatur gingen nur mäßige Bemühungen aus, die allgemein vorhandenen „sozialen Vorurteile gegenüber der älteren Generation"[83] zu bekämpfen. Selbst die wenigen Versuche

---

[74] Vgl. Borscheid, 1987 (wie Anm. 12). S. 15.
[75] Vgl. Borscheid, 1987 (wie Anm. 12). S. 15.
[76] Borscheid, 1987 (wie Anm. 12). S. 15.
[77] Borscheid, 1987 (wie Anm. 12). S. 15.
[78] Vgl. Borscheid, 1987 (wie Anm. 12). S.15.
[79] Vgl. Borscheid, 1987 (wie Anm. 12). S. 19.
[80] Borscheid, 1987 (wie Anm. 12). S. 13.
[81] Vgl. Borscheid, 1987 (wie Anm. 12). S. 14.
[82] Borscheid, 1987 (wie Anm. 12). S. 36.
[83] Borscheid, 1987 (wie Anm. 12). S. 36.

erreichten nur eine kleine geistige Elite, nicht jedoch das Gros des Volkes[84].

2.4 Die „Essais"

Montaigne schreibt sein Hauptwerk, das er „Versuche" (frz. *„essais"*) nennt, „zwischen seinem vierzigsten und sechzigsten Lebensjahr"[85]. Dabei handelt es sich um, in loser Reihenfolge aneinander gereihte, „freie Betrachtungen eines französischen Edelmannes aus der späthumanistischen Zeit des 16. Jahrhunderts"[86]. Inhaltlich beschäftigt sich der Autor mit diversen Themenbereichen unterschiedlicher Ebenen, „der Erkenntnisohnmacht der Vernunft zum Beispiel, oder (.) konfessionellen Streitfragen, oder (.) der Heilkunde", mit „Kalenderreform, Hexenprozessen, Büchern, Pferden, Hausgeschäften,(.) exotischen Völkern ..."[87] und verbindet dies alles mit Gedanken über seinen eigenen Lebensweg. Er will gleichsam in sich hineinsehen, soll folglich selbst im Zentrum seiner Beobachtungen stehen[88].

Der im besten Sinne als Skeptiker zu bezeichnende Montaigne manifestiert seine Schilderungen mit Urteilen von Vertretern der römischen und griechischen Literatur[89]. Die „Essais" erweisen sich als facettenreich und gewaltig an Umfang der aufgenommenen Bildungsgüter[90], belegt durch die Tatsache, daß man in Gegenwart des Werkes „Namen nennen kann wie Sokrates, Horaz, Seneca, Plutarch, Marc Aurel, wie Erasmus, Rabelais,

---

[84] Vgl. Borscheid, 1987 (wie Anm. 12). S. 36.
[85] Friedrich, 1993 (wie Anm. 23). S. 9.
[86] Friedrich, 1993 (wie Anm. 23). S. 9.
[87] Friedrich, 1993 (wie Anm. 23). S. 9.
[88] Vgl. Rein, 1903-1911 (wie Anm. 22). Bd. 5. S. 912.
[89] Vgl. Rein, 1903-1911 (wie Anm. 22). Bd. 5. S. 912.
[90] Vgl. Friedrich, 1993 (wie Anm. 23). S. 14.

Ariost, Cervantes, La Fontaine, Sterne, Lichtenberg, Diderot, Sainte-Beuve, sogar Goethe, auch Jacob Burckhardt und Fontane"[91].

Aus diesem Grund und wegen der von Montaigne immer wieder aufgeworfenen, existentiellen Frage „Was ist der Mensch?" ordnet man es in die Reihe philosophisch-anthropologischer Schriften des nachantiken Europas ein, und zwar als das inhaltlich wertvollste, das die Spätrenaissance jemals hervorgebracht hat[92].

Montaignes Entschluß, „eine Periode amtlicher und politischer Pflichten abzuschließen"[93]und sich statt dessen in die Einsamkeit der Turmstube seines Schlosses zurückzuziehen, um „in die meditierende Muße"[94] in Form des Schreibens einzutauchen, entspricht einer antiken Stilisierung. Als dem Alter gebührende Tat[95] ist die „Selbstbeschäftigung des Geistes" über die „Geschäftigkeit nach außen"[96] zu stellen. Dies war eine gängige Praxis der Renaissance-Humanisten[97].

2.5 Alter und Bildung bei Montaigne

Die zwischen Philosophie und Dichtung angesiedelten[98] „Essais" erbringen eine für die Beschäftigung mit Greisenbildung unschätzbare Vorleistung: In einer Zeit, da es „keinen alten Menschen, der im Mittelpunkt der Dichtung stände"[99], gibt, macht Montaigne denselben zur Hauptfigur. Obgleich solcher Non-Konformismus von ihm hauptsächlich als Mittel der beharrlichen Selbstverringerung[100] gedacht ist, nämlich um zu versichern „ein

---

[91] Friedrich, 1993 (wie Anm. 23). S. 10.
[92] Vgl. Friedrich, 1993 (wie Anm. 23). S. 10.
[93] Friedrich, 1993 (wie Anm. 23). S. 18.
[94] Friedrich, 1993 (wie Anm. 23). S. 18.
[95] Vgl. Friedrich, 1993 (wie Anm. 23). S. 18.
[96] Friedrich, 1993 (wie Anm. 23). S. 19.
[97] Vgl. Friedrich, 1993 (wie Anm. 23). S. 18.
[98] Vgl. Friedrich, 1993 (wie Anm. 23). S. 11f.
[99] Borscheid, 1987 (wie Anm. 12). S. 14.
[100] Vgl. Friedrich, 1993 (wie Anm. 23). S. 20.

Greis zu sein, auf den niemand zu hören braucht"[101], lenkt der Autor die Aufmerksamkeit seiner Leser doch unweigerlich auf Weltsicht und Befindlichkeit eines aus damaliger Sicht „alten" Menschen des 16. Jahrhunderts.

Das ganze Werk ist „auffällig stark durchzogen von Bemerkungen, daß es ein alternder, ja alter Mann ist"[102], der es schreibt, und in zwei Kapiteln setzt es sich ausführlicher mit dem Altersdasein auseinander. „Übers Alter"[103] deutet bereits an, mit welch ambivalenter Haltung Montaigne dem letzten Lebensabschnitt gegenübersteht. Im Vergleich zu seiner Jugend urteilt der Philosoph:

> „In Rücksicht auf mein eigenes Ich halte ich ganz gewiß dafür, daß ich seit jenem Alter an Leib und Geist mehr ab- als zugenommen habe und mehr rückwärts als vorwärts gegangen bin. Es ist wohl möglich, daß bei Männern, die ihre Zeit gut nützen, Wissenschaft und Erfahrung mit dem Alter zunehmen; Lebhaftigkeit aber, Schnelligkeit in Entschlüssen, Festigkeit und andre solche Eigenschaften, die für uns wichtiger und wesentlicher sind, welken und schwinden dahin."[104]

Er will nicht kategorisch ausschließen, daß geistige Reife auch als betagter Mensch zu erlangen beziehungsweise zu bewahren sei. Für sich persönlich jedoch konstatiert er lediglich „Abstieg und Ermattung"[105], wo das körperliche Potential abnimmt, sinken auch intellektuelle Fähigkeiten.

Montaigne betrachtet Geist und Körper somit als Einheit. Er „faßt das fortgeschrittene Alter und gar das Greisentum nicht auf als Stufe der Abgeklärtheit, wo die zur Ruhe gekommenen körperlichen Kräfte den Geist

---

[101] Friedrich, 1993 (wie Anm. 23). S. 20.
[102] Friedrich, 1993 (wie Anm. 23). S. 21.
[103] Flake, Otto/Weigand, Wilhelm (Hrsg.): Michel de Montaignes Gesammelte Schriften. München; Berlin 1915 (im Folgenden zitiert als: Flake/Weigand, 1915). Bd. 2. S. 296- 300.
[104] Flake/Weigand, 1915 (wie Anm. 103). Bd. 2. S. 299.
[105] Friedrich, 1993 (wie Anm. 23). S. 21.

freigeben zur reinen Betrachtung"[106]. Unterstrichen wird diese Ansicht zusätzlich noch durch ein von ihm angeführtes Lucrez-Zitat:

> „Hats Alter unsre Kraft geschwächt, Gebein und Sehnen abgestumpft: so lähmt es auch den Geist und wirrt Verstand und Zunge."[107]

Das „Über Verse des Vergil"[108] betitelte Essai fördert jedoch eine differenziertere Betrachtungsweise zu Tage, gewissermaßen das „Zwei-Komponenten-System" des Alters. Montaigne erkennt dessen „Doppelcharakter, eine Fügung und eine Beschwernis zu sein"[109], indem er sich an historischen Typologien des Greisenalters orientiert. Die durch Cicero versinnbildlichte römische Literatur hat sich größtenteils „für die Hochachtung vor dem Greisenalter ausgesprochen"[110]. Doch sowohl in der Bibel wie im Hellenismus findet sich zu verschiedenen Zeiten „das Motiv von der bösen Last des Alters, aber auch das Motiv der Altersweisheit"[111].

Nachdem er beiderlei gegensätzliche Bewertungen, sowohl negative wie positive, geprüft hat, fügt Montaigne sie zu seinem individuellen Altersbild zusammen. Dabei kommt es ihm darauf an, „das Bild des besinnlichen Greises" eingetaucht sein zu lassen „in die tiefen Schatten biologischen Niedergangs"[112]. In diesem Zusammenhang trifft er auch die entscheidende Aussage bezüglich der Auseinandersetzung des Menschen mit dem Alter:

> „Weil es der Vorzug des Geistes ist, dem Alter zu entkommen, so rate ich dem meinigen so sehr ich kann, das zu tun. Mag er grünen und blühen wie die Mistel auf einem dürren Baume."[113]

Der Autor spricht sich also dafür aus, mit den (noch vorhandenen) Mitteln des Intellekts den körperlichen Gebrechen so gut wie möglich zu trotzen.

---

[106] Friedrich, 1993 (wie Anm. 23). S. 21.
[107] Flake/Weigand, 1915 (wie in Anm. 103). Bd. 2. S. 299.
[108] Flake/Weigand, 1915 (wie in Anm. 103). Bd. 5. S. 94-201.
[109] Friedrich, 1993 (wie Anm. 23). S. 223.
[110] Friedrich, 1993 (wie Anm. 23). S. 225.
[111] Friedrich, 1993 (wie Anm. 23). S. 224.
[112] Friedrich, 1993 (wie Anm. 23). S. 225.
[113] Flake/Weigand, 1915 (wie in Anm. 103). Bd. 5. S. 99.

Daß eine solche „Flucht" des Geistes nicht problemlos zu bewerkstelligen ist, fügt er natürlich sofort hinzu:

> „Ich fürchte, es ist ein ungetreuer Freund. Er hat sich so innig mit dem Körper verbrüdert, daß er mich alle Augenblick verläßt, um dem Körper in seiner Not zu folgen."[114]

> „Mein Verstand hält mich zwar wohl ab, über solche Plagen, die die Natur mir zu leiden befiehlt, zu murren und zu grämeln, aber nicht sie zu fühlen."[115]

Zweimal wendet sich Montaigne deutlich gegen geistige Trägheit als falsch verstandene, kontemplative Zurückgezogenheit[116]. Er bekennt sich als alt, was nichts anderes heißt, als „daß er das Beste eingebüßt hat", genauso aber, „daß er den natürlichen Zwang seiner Altersstufe ergreift, das zu sein, was ihr zu sein übrigbleibt"[117]. In diesem Lebensabschnitt bedarf es allerdings guter Strategien und Einsicht, um ihm gegenüber eine positive Grundhaltung zu entwickeln:

> „Das Laster, der Tod, die Armut, die Krankheiten sind ernsthafte, niederschlagende Gegenstände. Man muß eine Seele haben, welche die Mittel kennt, vermöge deren sie die Übel ertragen und bekämpfen kann. Sie muß die Regeln kennen, nach denen sie glücklich leben und richtig glauben soll, und zu diesem lehrreichen Studium muß man sie oft erwecken und sie darin üben."[118]

Sich dem körperlichen Niedergang zu beugen und nachlassende Kräfte auch auf den Geist zu übertragen, hieße demzufolge, sich „kampflos" in sein Schicksal zu ergeben.

Und obgleich Montaigne, wie bereits beschrieben, an eine Unabhängigkeit von Leib und Geist nicht recht glauben will, zeigt er doch auf, wie notwendig wenigstens der Versuch ist, „dem ärgsten Fehler der Greise auszuweichen: dem Hader mit dem Leben, das ihnen entgleitet"[119].

---

[114] Flake/Weigand, 1915 (wie in Anm. 103). Bd. 5. S. 99f.
[115] Flake/Weigand, 1915 (wie in Anm. 103). Bd. 5. S. 99.
[116] Vgl. Friedrich, 1993 (wie Anm. 23). S. 221.
[117] Friedrich, 1993 (wie Anm. 23). S. 21.
[118] Flake/Weigand, 1915 (wie in Anm. 103). Bd. 5. S. 94.
[119] Friedrich, 1993 (wie Anm. 23). S. 223.

Je mehr Selbstbeschäftigung als „völlige Abschottung von der Außenwelt" mißinterpretiert wird, desto größer ist die Gefahr, in eine solche Depression zu verfallen. Folgerichtig weist der Autor auf die Notwendigkeit hin, sich mit anderen „Leidensgenossen" auszutauschen:

> „Dunkle und gedankenleere Ruhe, deren findet sich genug für mich; aber ich schlafe dabei ein und werde hölzern. Sie macht mir kein Vergnügen. Wenn sich jemand findet, sei es eine einzelne Person oder eine gute Gesellschaft, auf dem Lande, in der Stadt, in meinem Vaterlande oder auswärts, beständig wohnhaft oder auf Reisen, dem meine Gemütsart ansteht, dessen Gemütsart mir ansteht, der darf mir nur einmal auf dem Finger pfeifen und ich eile zu ihm, mit Haut und Haar, mit Papier und Feder, so wie ich hier sitze."[120]

Der zentrale Gedanke bei Montaigne besteht also darin, daß nicht die Ruhe, sondern die Bürde des Alters dem Geist die Chance gibt, sich ungeachtet der körperlichen Fähigkeiten zu entfalten. In welchem Maße dies letztendlich geschieht, hängt vom Individuum und dessen Bereitschaft ab, die Vorzüge beziehungsweise Chancen des Greisenalters (gegenüber der Jugend) zu erkennen. Für sich selbst stellt der Philosoph jedenfalls fest:

> „Munterkeit und Gesundheit schicken sich nicht, wie man sagt, zum ernsthaften und weisen Nachdenken: jetzt befinde ich mich in andern Umständen. Die Beschaffenheiten des Alters ermahnen und treiben mich, und predigen mir mehr als genug."[121]

2.6 Schlußfolgerungen

Die „Essais" an sich sind schon Plädoyer genug für eine intellektuelle Auseinandersetzung mit der Welt auch im Alter. Montaigne, nach eigener Aussage ein Greis, schafft es, die Masse von Lehrinhalten, welche im 16. Jahrhundert durch das Hinzukommen humanistischer Kenntnisse unüberschaubar geworden[122] war, so übersichtlich zu halten, daß die Bildungsgüter „einen lichten Raum" bilden, „worin sich das Individuum gestattet,

---

[120] Flake/Weigand, 1915 (wie in Anm. 103). Bd. 5. S. 99.
[121] Flake/Weigand, 1915 (wie in Anm. 103). Bd. 5. S. 94.
[122] Vgl. Friedrich, 1993 (wie Anm. 23). S. 13.

nach Belieben herumzuwandeln, seine eigene Artung zu entdecken, ihr treu zu bleiben und sein freimütiges Wort zu sagen, ohne sich von der Vielheit vernichtet zu fühlen"[123]. Allein die Tatsache, daß ein alter Mensch dazu in der Lage ist, widerspricht völlig dem Zeitgeist dieser Epoche und ruft ein längst vergessenes Motiv in Erinnerung: den gebildeten, weisen Greis, der „vom Alter nicht" verlangt, „was nur der Jugend gehört, und von der Jugend nicht, was sich nur dem Alter schickt"[124].

Zur Auseinandersetzung mit altem und allgemeinem Bildungsgut kommt noch die individuelle Selbstanschauung hinzu[125], was das Bemühen des Autors zeigt, „gemäß seinem Alter zu leben und zu denken"[126], die Nachteile dieser Lebensstufe zu akzeptieren, aber vor allem die Möglichkeiten zu nutzen. So bedeuten seine Altersreflexionen eine Art Verjüngungskur, denn „in der Pflege seiner Altersneigungen wächst sein Geist und wird recht eigentlich das, was ihm zu sein bestimmt war"[127].

Greisenbildung bei Montaigne läßt sich definieren als die Selbsterkenntnis des alten Menschen, in welcher Lage er sich befindet, und wie man sein Altersdasein, auch vor dem Hintergrund körperlicher Schwächung, bestmöglichst, um nicht zu sagen gewinnbringend, verleben kann.

---

[123] Friedrich, 1993 (wie Anm. 23). S. 14.
[124] Friedrich, 1993 (wie Anm. 23). S. 223.
[125] Vgl. Friedrich, 1993 (wie Anm. 23). S. 223f.
[126] Friedrich, 1993 (wie Anm. 23). S. 225.
[127] Friedrich, 1993 (wie Anm. 23). S. 220f.

3. Johann Amos Comenius (1592-1670)

3.1 Leben und Werk

Geboren am 28. März 1592 zu Niwnitz in Mähren, bekommt Comenius schon sehr bald „die Härte des Lebens und die Zerrissenheit und Grausamkeit seiner Zeit (...) zu spüren"[128]. Seine Eltern sterben früh, weshalb er in die Obhut von Vormündern gegeben wird, die ihn jedoch vernachlässigen[129]. In Folge dessen gelangt er, nachdem er zunächst an verschiedenen Orten unterrichtet wird[130], erst im 16. Lebensjahr an die Lateinschule in Prerau. 1611 schreibt sich Comenius dann an der durch Zucht und Ordnung berühmten, reformierten „Hochschule zu Herborn in Nassau"[131] ein, wo ihn der junge Alsted beeindruckt, der sich bereits intensiv mit pansophischen Gedanken beschäftigt. Nach einem weiteren Studienjahr in Heidelberg kehrt er in seine Heimat zurück und unterrichtet bis zu seiner Priesterweihe 1616 „im Schuldienste (.) in Prerau (.), wo er leichtere Regeln der lateinischen Grammatik"[132] verfaßt. Nun glaubt Comenius, sich endlich mit den von seinem Mentor Alsted angeregten, pansophischen Plänen auseinandersetzen zu können, doch dieses Vorhaben wird durch den Ausbruch des 30jährigen Krieges, dessen Nachwirren ihn bis an sein Lebensende verfolgen werden, vorerst zunichte gemacht[133]. Er muß sich auf eine unstete Wanderschaft begeben, die er jedoch „zu geschichtlichen und geografischen Studien"[134] nutzt.

Zunächst findet Comenius noch kurze Zeit Schutz bei Sympathisanten der „Unität der Böhmischen Brüder, einer protestantischen Kirche, die aus der

---

[128] Friedrichsdorf, Joachim: Umkehr: Prophetie und Bildung bei Johann Amos Comenius (Forschen – lehren – lernen; Bd. 11). Idstein 1995. Zugl.: Karlsruhe. Pädag. Hochsch., Diss., 1994 (im Folgenden zitiert als: Friedrichsdorf, 1995). S. 24.
[129] Vgl. Rein, 1903-1911 (wie Anm. 22). Bd. 1. S. 910.
[130] Vgl. Rein, 1903-1911 (wie Anm. 22). Bd. 1. S. 910.
[131] Rein, 1903-1911 (wie Anm. 22). Bd. 1. S. 910.
[132] Roloff, Ernst M. (Hrsg.): Lexikon der Pädagogik. Freiburg (Brsg.) 1913-1917 (im Folgenden zitiert als: Roloff, 1913-1917). Bd. 1. S. 678.
[133] Vgl. Rein, 1903-1911 (wie Anm. 22). Bd. 1. S. 910.
[134] Rein, 1903-1911 (wie Anm. 22). Bd. 1. S. 910.

Reformation des Johannes Hus hervorging"[135], und welcher er angehört, muß allerdings 1628 in die polnische Stadt Lissa fliehen. Hierhin hat es viele seiner verbannten Glaubensgenossen verschlagen, so daß sich der später zum Bischof Ernannte zunächst ganz in den Dienst seiner am Boden liegenden Kirche stellt[136]. Schon bald aber rücken, durch eine „amtliche Tätigkeit am Lissaer Gymnasium" begünstigt, „die pädagogisch-didaktischen Bestrebungen in den Vordergrund"[137]. Comenius versucht, die Gründe für die in der pädagogischen Literatur seiner Zeit „enthaltenen Klagen zu beseitigen"[138]. Weit über die Grenzen seiner Heimat berühmt, führen ihn Reisen nach England und Schweden, bis er schließlich in Amsterdam Quartier beim Sohn Lorenz van Geers bezieht, dessen Vaters Protegé er einst war[139]. Dort verweilt er auch bis zu seinem Tod am 15. November 1670.

Trotzdem sein Leben geprägt ist von Tätigkeiten „an wechselnden Orten, in fremden Diensten, schwankend zwischen Hoffnung auf eine Rückkehr in seine Heimat und immer wieder neuer Enttäuschung, weil die politischen Umstände eine Rückkehr unmöglich"[140] machen, bleibt Comenius stets literarisch tätig und produziert eine Fülle pädagogischer und pansophischer Schätze, darunter die „Janua linguarum reserata" (1631), durch welche er Weltruhm erlangt. Als weitere bedeutende Werke sind „Didactica magna" (1656), „Opera didactica omnia" (1657), „Orbis pictus" (1658), „De rerum humanarum emendatione consultatio catholica" (1666) und „Via lucis" (1668) zu nennen.

---

[135] Friedrichsdorf, 1995 (wie Anm. 128). S. 25.
[136] Vgl. Rein, 1903-1911 (wie Anm. 22). Bd. 1. S. 911.
[137] Rein, 1903-1911 (wie Anm. 22). Bd. 1. S. 911.
[138] Roloff, 1913-1917 (wie Anm. 132). Bd. 1. S. 679.
[139] Vgl. Roloff, 1913-1917 (wie Anm. 132). Bd. 1. S. 682.
[140] Friedrichsdorf, 1995 (wie Anm. 128). S. 25.

3.2 Comenius zwischen Humanismus und Aufklärung

Comenius kann als Bindeglied vom Humanismus zur „aufgeklärten Erwachsenenbildungskonzeption"[141] gesehen werden, wenngleich er natürlich mit seinem, auf pansophischen Überlegungen fußenden, pädagogischen Gedankengebäude am Übergang des Mittelalters zur Neuzeit[142] nicht als Ausgangspunkt „einer modernen Bildungslehre"[143] verklärt werden darf. Obwohl das Ende der humanistischen Bewegung, besiegelt durch Erasmus' Streit mit Luther, bereits Anfang des 16. Jahrhunderts offenkundig war, vereinigte Melanchthon die Idee des Humanismus mit jener der Reformation, so daß die Quintessenz vor allem das Gelehrtentum weiterhin bereicherte[144]. Transportiert wurde aber nicht nur „jener Alltagsbegriff von Humanismus (.), demgemäß man etwa forderte, allen Menschen das gleiche Recht, allen die gleiche Pflicht, allen das gleiche Glück zukommen zu lassen"[145], sondern vielmehr „eine bestimmte Denkstruktur, (.) eine bestimmte Zielrichtung des Denkens und Handelns, welche herkömmlicherweise gleichfalls als humanistisch bezeichnet wird"[146].

Gemeint ist mit Humanismus unter diesen Voraussetzungen dann „ein vorherrschendes Interesse des Menschen an sich selbst"[147]. Er stellt sich, sein Denken und Handeln, in den Mittelpunkt der Betrachtung. Die Wissbegierde („,Deum et animam scire cupio'"[148]) wurde also, maßgeblich durch Montaigne, strenger auf den Menschen eingeengt, der freimütig bekennt:

---

[141] Pöggeler, 1974-1981 (wie Anm. 56). Bd. 4. S. 23.
[142] Vgl. Schaller, Klaus: Die Pampaedia des Johann Amos Comenius. Eine Einführung in sein pädagogisches Hauptwerk. 4. Auflage. Heidelberg 1967 (im Folgenden zitiert als: Schaller, 1967). S. 22.
[143] Schaller, 1967 (wie Anm. 142). S. 22.
[144] Vgl. Schwartz, 1928-1931 (wie Anm. 29). Bd. 4. S. 153f.
[145] Schaller, Klaus: Jan Amos Komenský. Wirkung eines Werkes nach drei Jahrhunderten. Heidelberg 1970 (im Folgenden zitiert als: Schaller, 1970). S. 104.
[146] Schaller, 1970 (wie Anm. 145). S. 104.
[147] Schaller, 1970 (wie Anm. 145). S. 104.
[148] Zitiert nach Schaller, 1970 (wie Anm. 145). S. 104.

„Meine Philosophie besteht im Handeln"[149]. Die essentiellen Überlegungen gehen der Frage nach, was der Mensch sei „und was es mit seinem Menschsein auf sich habe"[150]. Wo immer der Anspruch menschlichen Denkens erhoben wird, vorzugsweise in der Neuzeit, findet man diesen humanistischen Gedankengang, diese anthropologische Gewichtung[151].

Trotz des vermeintlichen Scheiterns der Bewegung setzte sich doch die Idee des Menschen durch, der sich selbst durch die Tat schafft. Nach solcher Vorgabe kann man bei Comenius durchaus humanistische Züge entdecken[152]. Analog zu dieser These wird für ihn „die Humanität des Menschen nicht in seiner Innerlichkeit, in der Subjektivität des Subjekts bekundet, sondern im menschlichen Werk"[153], das Individuum muß „seinen Stand gewinnen inmitten der Welt"[154].

Zwar gilt erst das 18. Jahrhundert als „Modelljahrhundert der deutschen Aufklärung"[155], doch das dort vorherrschende Bild des Erwachsenen wurde durch die „Erwachsenenidee des Humanismus"[156] vorbereitet. Comenius wird, wie eben deutlich gemacht, sowohl davon wie auch von „dem Impuls der Reformation, zumindest ideell jedem Menschen zu seinem persönlichen Heil (...) zu helfen"[157], beeinflußt. Er verwendet bereits den, der Aufklärung so liebgewordenen, symbolträchtigen Begriff des Lichtes als Metapher für das Durchdringen der Welt mit Hilfe des Verstandes[158] und plant vier Wege der Erleuchtung: „universelle Bücher und Schulen, ein universelles Kollegium von Weisen und eine universelle Sprache"[159]. Die

---

[149] Flake/Weigand, 1915 (wie Anm. 103). Bd. 5. S. 97.
[150] Schaller, 1970 (wie Anm. 145). S. 104.
[151] Vgl. hierzu auch Kapitel 2.4.
[152] Vgl. Schaller, 1970 (wie Anm. 145). S. 104.
[153] Schaller, 1970 (wie Anm. 145). S. 108.
[154] Schaller, 1970 (wie Anm. 145). S. 110.
[155] Pöggeler, 1974-1981 (wie Anm. 56). Bd. 4. S. 22.
[156] Pöggeler, 1974-1981 (wie Anm. 56). Bd. 4. S. 22.
[157] Pöggeler, 1974-1981 (wie Anm. 56). Bd. 4. S. 22.
[158] Comenius gibt einem seiner Werke den Titel „Via lucis„.
[159] Rein, 1903-1911 (wie Anm. 22). Bd. 1. S. 912.

natürliche Vernunft soll sich bei jedem Menschen, egal welchen Alters, ausbreiten[160].

Comenius fordert „lebenslanges Lernen für jedermann" mit dem Ziel, „vornehmlich cognitive Welt- und Menschenkenntnis überschauender Art"[161] zu erlangen. Von dem Weg dorthin wird noch ausführlich die Rede sein. Festgestellt werden kann, daß entscheidende Elemente, welche alle Abschnitte der Aufklärung repräsentieren, in seinem Werk nachweislich vorhanden sind. Comenius will ein sowohl mündiges, kritisches wie auch änderungsbereites[162] Individuum und knüpft so, aus dem Humanismus schöpfend, durch „seine realistische Haltung"[163] das Band zum aufgeklärten Menschen.

3.3 Der alte Mensch im 17. Jahrhundert

So dramatisch der Dreißigjährige Krieg für Comenius persönlich war, so vorteilhaft entpuppte er sich für das Nachkriegs-Altersbild des späten 17. Jahrhunderts, dessen große Leistung es war, der Allgemeinheit den Respekt vor ihren Mitmenschen[164] zurückzugewinnen. Nach dem Zustandekommen des Westfälischen Frieden 1648 trat eine moralische und sittliche Wandlung ein, die mit einer feierlichen Einsetzung des Alters einherging. Die Ehrerbietung vor demselben konnte sich dadurch zur gesellschaftlichen Norm entwickeln[165]. Zunächst arbeitete man unter Berücksichtigung früherer Bemühungen und mit französischem Vorbild daran, „das Miteinander der Menschen in seinen Äußerlichkeiten umzugestalten und zu zivi-

---

[160] Vgl. Pöggeler, 1974-1981 (wie Anm. 56). Bd. 4. S. 23.
[161] Pöggeler, 1974-1981 (wie Anm. 56). Bd. 4. S. 23.
[162] Vgl. Pöggeler, 1974-1981 (wie Anm. 56). Bd. 4. S. 23.
[163] Pöggeler, 1974-1981 (wie Anm. 56). Bd. 4. S. 23.
[164] Vgl. Borscheid, 1987 (wie Anm. 12). S. 108.
[165] Vgl. Borscheid, 1987 (wie Anm. 12). S. 108.

lisieren"[166], weil erst unter diesen Voraussetzungen der Aufbau einer humanen Gesellschaft möglich werden konnte.

Das Bestreben, „die Umformung des diesseitigen Lebens mit aller Kraft"[167] voranzutreiben, lag auch Comenius am Herzen, der „an den Anbruch eines friedlichen Zeitalters vor dem nahe bevorstehenden Ende der Welt"[168] glaubte, wozu sich Bildung und Wissen, sowie Tugend und Frömmigkeit verbreiten sollten[169]. Aufgrund dessen vertraute man sein Glück nicht mehr einem künftigen Leben im Jenseits an, sondern ergriff „das Glück auf Erden". Man versuchte, „sichere Freuden zu genießen, anstatt mit dem Ungewissen zu rechnen"[170]. Um solch ein goldenes Zeitalter einzuläuten, sollten die Menschen zunächst ihr häufig extrem rüpelhaftes Verhalten ablegen, bevor man mit der Veredelung ihres Geistes beginnen konnte[171]. Beabsichtigt war, daß ein freundliches, gefälliges, geschmeidiges und zuvorkommendes Neben- und Miteinander[172] von Jung und Alt an Stelle der oft rüden und ungehobelten Art, „mit der eine ungezügelte Jugend den alten Menschen bisher übergangen hatte"[173], tritt.

Man war sich bewußt, den alten Menschen nur dann aus seinem gesellschaftlichen Abseits befreien zu können, wenn der eklatante Mangel an Menschlichkeit beseitigt wird[174]. Deshalb lief dann auch „ein umfangreicher Prozeß der Versittlichung"[175] an, der sich wegen seiner großen Tragweite auch für alte Menschen förderlich auswirkte.

---

[166] Borscheid, 1987 (wie Anm. 12). S. 109.
[167] Borscheid, 1987 (wie Anm. 12). S. 108.
[168] Roloff, 1913-1917 (wie Anm. 132). Bd. 1. S. 680.
[169] Vgl. Roloff, 1913-1917 (wie Anm. 132). Bd. 1. S. 680.
[170] Borscheid, 1987 (wie Anm. 12). S. 108.
[171] Vgl. Borscheid, 1987 (wie Anm. 12). S. 111.
[172] Vgl. Borscheid, 1987 (wie Anm. 12). S. 111.
[173] Borscheid, 1987 (wie Anm. 12). S. 111.
[174] Vgl. Borscheid, 1987 (wie Anm. 12). S. 108.
[175] Borscheid, 1987 (wie Anm. 12). S. 109.

3.4 Die „Pampaedia"

Schaller bezeichnet die „Pampaedia" des Comenius als dessen „pädagogisches Hauptwerk"[176]. Der vierte und zentrale Band[177] des Gesamtwerkes „De rerum humanarum emendatione consultatio catholica", meist übersetzt als „Allgemeine Beratung über die Verbesserung der menschlichen Dinge", das außerdem noch weitere sechs Schriften enthält (Panegersia, Panaugia, Pansophia, Panglottia, Panorthosia, Pannuthesia), behandelt „das mental Seiende", welches „seinen Aufenthalt in der ‚mens', im Geist"[178] hat. Träger des Geistes ist der Mensch, und deshalb geht es in der „Pampaedia" also um den Menschen. Comenius definiert seine Absicht folgendermaßen:

> „Pampaedia meint die auf jeden einzelnen des ganzen Menschengeschlechts bezogene Pflege. Sie richtet sich in ihren Maßnahmen nach dem Ganzen (universalis) und führt den Menschen in die Vollkommenheit seines Wesens ein (cultura). Bei den Griechen bedeutete Paideia Unterweisung (institutio) und Zucht (disciplina). Durch Paideia (.) werden die Menschen aus dem Zustand der rohen Unvollkommenheit herausgeführt (erudire). Pan (.) meint nun den Bezug zum Ganzen (universalitas). So geht es hier also darum, daß dem ganzen Menschengeschlecht, das Ganze, allumfassend (...-Omnes, Omnia, omnino) gelehrt werde."[179]

Auf dem Weg dorthin durchschreitet der Mensch sieben Schulen, die als „ein vollständiges ‚System der Pädagogik'"[180] den gesamten Lebenszyklus umfassen: 1. die Schule des vorgeburtlichen Werdens; 2. die Schule der frühen Kindheit; 3. die Schule des Knabenalters; 4. die Schule der Reifezeit; 5. die Schule des Jungmannesalters; 6. die Schule des Mannesalters; 7. die Schule des Greisenalters. Als achte und letzte Schule fügt Comenius noch die des Todes hinzu, um für seine Vorstellung eines „Parallelismus

---

[176] Schaller, 1967 (wie Anm. 142). S. 3.
[177] Vgl. Schaller, 1967 (wie Anm. 142). S. 7.
[178] Schaller, 1967 (wie Anm. 142). S. 7.
[179] Comenius, Jan A.: Pampaedia – Allerziehung (Schriften zur Comeniusforschung. Bd. 20). Übers. hrsg. von Klaus Schaller. Sankt Augustin 1991 (im Folgenden zitiert als: Comenius, 1991). S. 13.
[180] Schaller, 1967 (wie Anm. 142). S. 19.

von Welt und Schule"[181] die jeweils passenden Entsprechungen zu haben. Interessanterweise bilden hierbei die geistige Welt (Pansophia) und die Schule des Greisenalters (Pampaedia) ein Paar[182].

Getreu seinem Grundsatz „Kein Mensch soll von dem Studium der wahren Weisheit und von der Pflege seines Gemütes ausgeschlossen, geschweige denn ferngehalten werden"[183], bindet der Autor also auch alte Menschen in sein pansophisches Gedankenkonstrukt mit ein. Bevor dieser Aspekt allerdings ausführlich gewürdigt wird, muß noch ein Wort über die Einbettung der „Pampaedia" in Comenius' Weltsicht verloren werden. Nicht der Mensch darf im Zentrum stehen, „nicht das, was" er „will, seine persönliche oder die kollektive Wohlfahrt, kann Ziel der ‚Erziehung' werden, sondern das Vorhaben und der Plan Gottes, in dem freilich auch das Wohl des Menschen mit eingeschlossen ist"[184]. Schaller bezeichnet den Inhalt als „in gewisser Weise praktische Theologie"[185], und eben dem praktischen Aspekt soll im Folgenden nachgegangen werden. Der theologische Gehalt des Werkes tritt, soweit er nicht für den Zusammenhang entscheidend ist, etwas in den Hintergrund. Die Arbeit will keine religiösen Motive ergründen, sondern darstellen, welche Anregungen Comenius alten Menschen für deren letzten Lebensabschnitt gibt.

3.5 Die „scuola senii"

Daß Comenius dem zunehmenden Alter geradezu poetische Züge abgewinnen kann, zeigt sein Umgang mit Sprache, die „gegen Ende des Werkes fast hymnischen Schwung"[186] gewinnt. Vor allem die „scuola senii" er-

---

[181] Schaller, 1967 (wie Anm. 142). S. 21.
[182] Vgl. Schaller, 1967 (wie Anm. 142). S. 21.
[183] Comenius, 1991 (wie Anm. 179). S. 35.
[184] Schaller, 1967 (wie Anm. 142). S. 19.
[185] Schaller, 1967 (wie Anm. 142). S. 15.
[186] Schaller, 1967 (wie Anm. 142). S. 31.

strahlt geradezu in dichterischem Glanz[187]. Ausschlaggebender Punkt für ihre besondere Gestaltung ist die Würdigung derselben, resultierend aus der Erkenntnis, welch tragende Rolle das Greisentum für die „Vollendung alles Tuns in diesem Leben"[188] spielt, denn in ihm erreicht der Mensch den höchsten Punkt seines Erdendaseins[189]. Aber auch Comenius geht in der Wertschätzung des Alters nicht soweit, die natürlichen Hindernisse für einen erfolgreichen Abschluß der irdischen Existenz zu übersehen:

> „Das Alter ist schon von sich aus eine Krankheit, und zwar eine unheilbare; was für einen Sinn hat es dann, durch Unmäßigkeit und Begehrlichkeit neue Krankheiten anzulocken, mit denen du kämpfen müßtest? Die Schwäche des Alters läßt sich zwar nicht abwenden, doch aber aufhalten oder wenigstens vor Beschwernissen bewahren. Nicht aber ist uns der Wunsch verwehrt weiterzuleben, wenn uns etwas Nützliches zu tun vorbehalten ist, oder unser Leben frei von Kümmernis zu beschließen, damit wir geruhsam beenden, was uns aufgetragen ist."[190]

Der alte Mensch entscheidet nach Komenský selbst, ob und unter welchen Umständen er „ungleichgültig oder gleichgültig"[191] ist. Die Verantwortung für eine solche Entscheidung – wie immer sie auch ausfallen mag – macht den innersten Kern und die Freiheit des Einzelnen aus[192]. Aus der Sicht des Individuums herrscht daher ein gespaltenes Verhältnis zwischen Geist und Körper, das der Alte mittels seines Verstandes vereint, um damit seinen ganzheitlichen Auftrag zu erfüllen[193], oder trennt, und einer traurigen, sinnentleerten Welt entgegenblickt.

Die Antwort auf Gebrechen des Greisentums kann somit eine Disziplinierung, eine Zuspitzung auf das Wesentliche, sein. Ein Greis darf es sich nicht leisten, durch Fehlverhalten seine ohnehin schon vorhandenen Probleme noch zu potenzieren. Nur wer danach strebt, seinen Lebensabend

---

[187] Vgl. Schaller, 1967 (wie Anm. 142). S. 31.
[188] Comenius, 1991 (wie Anm. 179). S. 280.
[189] Vgl. Palouś, 1979 (wie Anm. 66). S. 56.
[190] Comenius, 1991 (wie Anm. 179). S. 289.
[191] Palouś, 1979 (wie Anm. 66). S. 75.
[192] Vgl. Palouś, 1979 (wie Anm. 66). S. 75.
[193] Vgl. Palouś, 1979 (wie Anm. 66). S. 48.

mit sinnvollen Inhalten zu füllen, wird letztendlich in der Lage sein, eine positive Gesamtbilanz zu ziehen:

> „Wir müssen bedenken: Nur dann ist etwas gut, wenn sein Ende gut ist. Was nützt es, daß ein Feld reich an Frucht und ein Weingarten reich an Trauben ist, wenn ein plötzliches Unwetter den Ertrag zur Zeit der Ernte oder der Weinlese, da die Früchte in die Scheuern oder in die Keller eingebracht werden sollten, vernichtet? Nicht zu Unrecht hat man gesagt, daß die Welt wie ein Meer sei und das Leben wie ein Schiff. Jeder Lebende fährt in dem Schiff. Solange er auf See ist, droht die Gefahr des Untergangs, wenn er es an der (nötigen) Umsicht <prudentia> fehlen läßt. Man weiß sogar von Fällen zu berichten, daß manche selbst noch im Hafen Schiffbruch erlitten."[194]

Auch oder erst recht im Alter muß der Mensch also „das Steuer fest umklammert halten" und bis zum Ende konzentriert leben, um nicht schließlich noch zu scheitern. Die Voraussetzungen dafür sind notwendigerweise aus den früheren sechs Schulen mitzubringen. Jedes Alter soll das zu tun bekommen wozu es imstande ist, um nicht am Ende etwas nachholen zu müssen, was schon früher hätte erledigt werden können[195]:

> „Grundlage der Weisheit ist eine weise Einteilung der Zeit. Nur der erringt vollständige Weisheit, der es versteht, seine ganze Lebenszeit weise einzuteilen."[196]

Die Schule des Greisenalters bezieht sich zwar äußerlich auf einen bestimmten Lebensabschnitt, ist aber im Detail in das rüstige, das beschwerliche und das sich dem Ende zuneigende Alter[197] untergliedert. Bei der genauen Zuordnung dieser Attribute läßt Comenius erheblichen Spielraum, was seine kluge Einsicht beweist, daß es sich bei alten Menschen nicht um eine homogene Masse, sondern um von Fall zu Fall immer wieder neu zu taxierende Individuen handelt:

---

[194] Comenius, 1991 (wie Anm. 179). S. 281f.
[195] Vgl. Comenius, 1991 (wie Anm. 179). S. 87.
[196] Comenius, 1991 (wie Anm. 179). S. 87.
[197] Vgl. Comenius, 1991 (wie Anm. 179). S. 285.

„Die Ziele und Arbeitsgebiete der einzelnen Abschnitte sind nicht durch die Last der Jahre zu ermessen, sie sind vielmehr abhängig von der Frische bzw. dem Verfall der Kräfte."[198]

Was aber sind nun die Aufgaben, mit deren Hilfe „auch für den Greis das weitere Leben ein Fortschreiten"[199] bedeutet? Die Mittel, durch welche das Erlernen der entsprechenden Verhaltensmaßregeln gewährleistet werden soll, sind „dieselben wie in den anderen Schulen: Beispiele, Vorschriften und beständige praktische Anwendungen, – in ihrer höchsten und durchaus letzten Form"[200]. Entscheidend ist die unterschiedliche Zielsetzung der jeweiligen Altersstufen. In Anlehnung an ein Zitat von Seneca, welches Comenius durch einen Einschub noch differenziert, schreibt er:

> „Der Jüngling soll vorbereiten, der Mann gebrauchen, und der Greis soll alles zum erfüllten Ende bringen (.)."[201]

Die letzte Schule bietet Gelegenheit, sich mit dem immer näher rückenden Ende auseinanderzusetzen, einerseits weil „der Lärm der Geschäfte nachlässt"[202], zum Anderen weil der bevorstehende Tod den Blick auf Gegenwart und unmittelbare Zukunft schärft[203]. In der ersten Stufe der „scuola senii" wird der rüstige Greis angewiesen, Rückschau zu halten auf das bisherige Leben, eine durchdachte Bewertung der vergangenen Jahre abzugeben und so schließlich die noch ausstehenden Aufgaben ins Auge zu fassen. Im Einzelnen bedeutet dies:

> „1. Zunächst muß man stille stehen und auf die eigene Vergangenheit zurückblicken. An dem, was gut getan ist, soll man sich freuen und an die Verbesserung dessen denken, was nicht gut zu Ende gebracht wurde; 2. soll man die Gegenwart überblicken und sich über die nahe Grenze seines Lebens als den Abend seines Tages, den Sonntag seiner Woche, die Ernte seines Jahres freuen; 3. soll man nach dem ausschauen, was einem noch zu tun übrig zu sein scheint, und sich auf den Weg machen, diesen Vorsatz auszuführen; 4. soll

---

[198] Comenius, 1991 (wie Anm. 179). S. 285.
[199] Comenius, 1991 (wie Anm. 179). S. 280.
[200] Comenius, 1991 (wie Anm. 179). S. 284.
[201] Comenius, 1991 (wie Anm. 179). S. 283.
[202] Comenius, 1991 (wie Anm. 179). S. 283f.
[203] Vgl. Comenius, 1991 (wie Anm. 179). S. 284.

man sich vor Unglücksfällen in acht nehmen, die sich noch immer ereignen können und die gerade den Greisen häufig zustoßen; (...). 5. Vor Krankheiten und vor anderem Leid muß man sich hüten und sorgfältiger als je zuvor im Leben auf eine gesunde Lebensweise achten."[204]

Sind diese Voraussetzungen erst einmal erfüllt, ist schon ein wesentlicher Schritt in Richtung „erfolgreiches Altern" getan. Comenius ermahnt jedoch auch das beschwerliche Alter, nicht zu erschlaffen oder müßig zu werden, sondern seine verbleibende Zeit auf Dinge zu fokussieren, die einem selbst oder den Nachfahren am meisten nützen[205]:

„Alles, was dir vor Handen kommt zu tun, das tue frisch; denn bei den Toten, dahin du fährst, ist weder Werk, Kunst, Vernunft noch Weisheit – Pred. 9, 10."[206]

Am Bild des Vespasian macht der Autor deutlich, welches Selbstverständnis ein Greis an den Tag legen sollte, sich nämlich als Herrscher fühlen, der dank erlangter Weisheit die Banalitäten des Lebens entlarvt und sich durch die Last des Alters nicht niederwerfen läßt[207]. Er zeichnet sich ferner durch das Bestreben aus, ständig an seiner Vervollkommnung zu arbeiten, Fehler zu beseitigen und Hindernisse zu überwinden, die auf dem Weg dorthin immanent werden, „damit alle seine Mängel noch vor ihm sterben"[208].

Ist die „scuola senii" solcherart durchlebt worden, und das hinfällige Alter erreicht, besteht die finale Aufgabe der Greise darin, den Tod gebührend zu empfangen:

„Damit dies ihnen glücke, sollen sie sich vor allem darum mühen, den Tod nicht zu fürchten, wie es die Menschen dieser Welt tun. Du hattest dich nicht

---

[204] Comenius, 1991 (wie Anm. 179). S. 286.
[205] Vgl. Comenius, 1991 (wie Anm. 179). S. 289.
[206] Zitiert nach Comenius, 1991 (wie Anm. 179). S. 290.
[207] Vgl. Comenius, 1991 (wie Anm. 179). S. 290.
[208] Comenius, 1991 (wie Anm. 179). S. 291.

gefürchtet, geboren zu werden, warum solltest du dich fürchten, aus dem Leben zu scheiden?"[209]

Es ist bereits angeklungen, daß der Schlüssel zu Comenius' Theorie des Alters nicht in der 7. Schule allein liegt. Vielmehr muß, um die Anforderungen bewältigen zu können, bereits dem gesamten vorherigen Leben die „Pampaedia" als Richtlinie zugrunde gelegt werden. Erst die von Geburt an immer wieder eingeübten Methoden der Lebensführung versetzen den Greis in die Lage, den finalen Abschnitt des Weges mit größter Umsicht[210] zu beschreiten:

> „Denn wenn die alten Schriftsteller mit Recht die Klugheit eine Tochter des Gedächtnisses und des Tuns (.) nannten, dann sollen die Greise, die viel getan und erfahren haben, den angesammelten Schatz ihres Könnens (.) zur Vorsorge für die Zukunft verwenden."[211]

3.6 Schlußfolgerungen

Schon die Terminologie der „scuola senii" läßt erkennen, daß es sich hierbei nicht etwa um einen bloßen Leitfaden für ältere Menschen, sondern um ein mit tiefgründiger Bildungsabsicht geschriebenes, pädagogisches Werk handelt, welches sich dezidiert mit Bewältigungsmöglichkeiten des letzten, abnehmenden Teils des Lebens[212] auseinandersetzt. Begriffe wie „Schule", „lernen" oder „lehren"[213] sind dafür sicheres Indiz und erinnern die Betroffenen gleichzeitig an ihre Pflicht, die „Verantwortung für den uni-versalen Sinn des Ganzen"[214] wahrzunehmen.

Comenius bettet die Schule des Greisenalters in einen Prozeß ein, der in der heutigen Erziehungswissenschaft wohl als „lebenslanges Lernen"[215]

---

[209] Comenius, 1991 (wie Anm. 179). S. 293.
[210] Vgl. Comenius, 1991 (wie Anm. 179). S. 280.
[211] Comenius, 1991 (wie Anm. 179). S. 285.
[212] Vgl. Comenius, 1991 (wie Anm. 179). S. 280.
[213] Vgl. Comenius, 1991 (wie Anm. 179). S. 282.
[214] Palouš, 1979 (wie Anm. 66). S. 49.
[215] Pöggeler, 1974-1981 (wie Anm. 56). Bd. 4. S. 23.

deklariert werden würde, wenngleich die ersten sechs Schulen den Ganzheitsanspruch nicht so stark betonen wie dies in der letzten geschieht[216]. Ebenso lassen sich Selbststeuerungsansätze konstatieren, indem der Autor anregt, „die Selbsterziehung zu vervollkommnen, den Freunden – den lebenden wie den toten – Gehör zu schenken und Bücher zu lesen"[217]. Beide von ihm entworfenen Lernstrategien können einem alten Menschen nur zu Gute kommen.

Analog zur Zeitströmung der zweiten Hälfte des 17. Jahrhunderts rückt Comenius das Greisenalter in ein positives Licht und ermahnt gleichzeitig, die gewährleisteten Chancen zu realisieren. Daß er dies dem Alter in der „scuola senii" zugesteht und ihm ein Kapitel der „Pampaedia" widmet, zeigt sein umfassendes Interesse an der Verbesserung auch alternder, menschlicher Dinge.

---

[216] Vgl. Palouš, 1979 (wie Anm. 66). S. 49f.
[217] Palouš, 1979 (wie Anm. 66). S. 50.

4. Friedrich Daniel Ernst Schleiermacher
(1768-1834)

4.1 Schleiermachers Lebensweg

Friedrich Daniel Ernst Schleiermacher erblickt am 21. November 1768 in Breslau das Licht der Welt. Als Sohn einer von herrnhutischem Geist beseelten Predigerfamilie ist sein Weg determiniert, wie schon Generationen vor ihm soll und will er Pfarrer werden[218]. So verwundert es nicht, daß der junge Friedrich im Alter von 15 Jahren auf das „Pädagogium der Brüdergemeinde"[219] in Niesky kommt und von dort 1785 auf das „Predigerseminar der Brüderunität"[220] nach Barby übersiedelt. Während er die erste Station noch „für selbständige Arbeit, die sich bei Schleiermacher vor allem auf die klassischen Schriftsteller"[221] richtet, nutzt, kann er der theologischen Hochschule nicht mehr viel Positives abgewinnen.

Hier muß er erkennen, wie weltfremd eine Ausbildung fernab von „modernen wissenschaftlichen und philosophischen Entwicklungen"[222] erscheint. Um seine aufkommenden Zweifel am Priesteramt zu zerstreuen, wechselt er 1787, nachdem der väterliche Widerstand gebrochen war, an die aufgeklärte Universität Halle, wo er sein Studium vollendet[223]. In der Zeit danach wird Schleiermacher als Hauslehrer und Hilfsprediger tätig, bis er 1796 „sein Amt als reformierter Prediger an der der Armendirektion unterstehenden Charité in Berlin"[224] antritt, was eine besondere Bedeutung in seinem Leben gewinnen wird. Schlecht bezahlt und literarisch noch nicht bekannt, gelingt es ihm, Zugang zur Berliner Gesellschaft[225] und damit

---

[218] Vgl. Rein, 1903-1911 (wie Anm. 22). Bd. 7. S. 675.
[219] Schwartz, 1928-1931 (wie Anm. 29). Bd. 4. S. 292.
[220] Schwartz, 1928-1931 (wie Anm. 29). Bd. 4. S. 292.
[221] Vierhaus, Rudolf: Schleiermachers Stellung in der deutschen Bildungsgeschichte. In: Selge, Kurt-Victor (Hrsg.): Internationaler Schleiermacher-Kongreß Berlin 1984. Teilband 1. Berlin; New York 1985. S. 3-19 (im Folgenden zitiert als: Vierhaus, 1985). Hier: S. 8.
[222] Vierhaus, 1985 (wie Anm. 221). S. 8.
[223] Vgl. Schwartz, 1928-1931 (wie Anm. 29). Bd. 4. S. 292.
[224] Vierhaus, 1985 (wie Anm. 221). S. 9.
[225] Vgl. Vierhaus, 1985 (wie Anm. 221). S. 10.

zum Zirkel der Romantiker[226] zu erlangen. Mit Persönlichkeiten wie Rahel Levin, Dorothea Veit und Henriette Herz[227] befindet sich Schleiermacher nun in einem erlauchten Kreis, dem „eine außerordentliche Erweiterung seiner Menschenkenntnis und seines Bildungshorizontes"[228] zuzuschreiben ist. Hier spielen im Übrigen Standesschranken keine Rolle[229], so daß bei den geselligen Treffen Wilhelm von Humboldt ein genauso gern gesehener Gast ist wie Prinz Louis Ferdinand[230].

Auf Anordnung „seiner kirchlichen Behörde"[231] geht Schleiermacher von 1802 bis 1804 ins Exil nach Stolpe. Wenngleich er dort, unter anderem bedingt durch klimatische Gegebenheiten, die seiner Gesundheit abträglich sind, die unglücklichste Zeit seines Lebens verbringt[232], gelingt es ihm dennoch, sich innerlich zu sammeln und wissenschaftliche Studien zu vertiefen[233].

Ab 1804 lehrt er an der Universität Halle und wird im Herbst 1810 „der erste Dekan der theologischen Fakultät"[234] an der neu eröffneten Universität in Berlin. In seinen Vorlesungen über Psychologie, Dialektik und Ethik handelt Schleiermacher nahezu alle theologischen und philosophischen Fragen ab[235].

An seinem Lebensende kann Friedrich Schleiermacher auf „eine reiche literarische Wirksamkeit"[236] zurückblicken und genießt hohe Anerkennung

---

[226] Vgl. Rein, 1903-1911 (wie Anm. 22). Bd. 7. S. 678.
[227] Vgl. Rein, 1903-1911 (wie Anm. 22). Bd. 7. S. 679.
[228] Vierhaus, 1985 (wie Anm. 221). S. 12.
[229] Vgl. Vierhaus, 1985 (wie Anm. 221). S. 11.
[230] Vgl. Rein, 1903-1911 (wie Anm. 22). Bd. 7. S. 679.
[231] Schwartz, 1928-1931 (wie Anm. 29). Bd. 4. S. 293.
[232] Vgl. Rein, 1903-1911 (wie Anm. 22). Bd. 7. S. 683.
[233] Vgl. Schwartz, 1928-1931 (wie Anm. 29). Bd. 4. S. 293.
[234] Schwartz, 1928-1931 (wie Anm. 29). Bd. 4. S. 293.
[235] Vgl. Schwartz, 1928-1931 (wie Anm. 29). Bd. 4. S. 293f.
[236] Schwartz, 1928-1931 (wie Anm. 29). Bd. 4. S. 293.

bei seinen Mitmenschen, die ihm, nachdem er am 12. Februar 1834 stirbt, am Tag der Beisetzung in großer Zahl die letzte Ehre erweisen[237].

4.2 Idealismus, Klassik und Romantik

Ähnlich wie bei Renaissance und Humanismus handelt es sich bei Idealismus, Klassik und Romantik um drei Begriffe, die eigentlich eine „einheitliche Epoche der Geistesentwicklung" meinen, in diesem Fall die Zeit zwischen „den letzten Jahrzehnten des 18. und (.) den ersten Jahrzehnten des 19. Jahrhunderts"[238]. Die divergierende Namensgebung kommt lediglich zustande, weil unterschiedliche kulturelle Disziplinen bezeichnet werden sollen. So steht Klassizismus für Dichtung/Literatur, und Idealismus für Philosophie. Romantik schließlich entwickelt die Ansätze der beiden genannten Richtungen weiter[239].

Das Thema Bildung erfreute sich in Deutschland noch nie zuvor so großer Beliebtheit „wie zur Zeit Schleiermachers, die auch die Zeit Goethes und Schillers, Jean Pauls und Hölderlins, Wilhelm von Humboldts, Fichtes und Hegels, die Zeit der frühen Romantiker, der sich entfaltenden Geisteswissenschaften und der ersten Nationalerziehungspläne war"[240]. Nun beschäftigten sich nicht mehr allein pädagogische oder philosophische Schriften mit diesem Sujet, sondern auch die Dichtung nahm sich dessen an[241] und stellte es gar in den Mittelpunkt ihres Schaffens[242]. Tatsächlich wurde erst dadurch der Terminus „Bildung" in der deutschen Sprache verankert, weswegen „fast alle großen Dichter und Denker jener Zeit"[243] auch als Pädagogen in die Geschichte eingegangen sind.

---

[237] Vgl. Schwartz, 1928-1931 (wie Anm. 29). Bd. 4. S. 294.
[238] Pöggeler, 1974-1981 (wie Anm. 56). Bd. 4. S. 31.
[239] Vgl. Pöggeler, 1974-1981 (wie Anm. 56). Bd. 4. S. 31.
[240] Vierhaus, 1985 (wie Anm. 221). S. 5.
[241] Vgl. Vierhaus, 1985 (wie Anm. 221). S. 5.
[242] Vgl. Pöggeler, 1974-1981 (wie Anm. 56). Bd. 4. S. 32.
[243] Pöggeler, 1974-1981 (wie Anm. 56). Bd. 4. S. 32.

Auf der anderen Seite gab es bei den Menschen, vor allem seitens des aufstrebenden Bürgertums, ein immenses Interesse, sich mit solcher Literatur auseinanderzusetzen, ob es um „Bildung des Menschen und der Menschheit, des Verstandes, des Herzens und des Charakters, Bildung durch Natur und Gesellschaft, als pädagogische Veranstaltung" oder „als individuelle Leistung"[244] ging.

Auf der Suche „nach einem neuen Menschheitsideal"[245] brach man nicht mit Aufklärung und Humanismus, sondern integrierte beides in die idealistisch-neuhumanistische Bewegung. Schließlich hatten die Leitgedanken „Humanität und Freiheit"[246] nach wie vor Geltung. Auch die allgemeine Menschenbildung gehörte (wieder) zu den Pfeilern der neuhumanistischen Gesinnung[247], einzig das Verständnis von Ersterer wandelte sich: während die Aufklärung den Menschen „als bloßes Verstandes- und Vernunftwesen" deutete, sah man ihn jetzt als individuelles Geschöpf an, das sich nicht mehr durch „identische Vernunft" mit der Allgemeinheit auszeichnet, sondern dadurch, „daß jeder Mensch auf eigene Weise in sich die Menschheit darstellt"[248].

Schleiermacher vereint in sich herrnhutischen Pietismus[249], Aufklärung, Klassik, Neuhumanismus sowie Romantik[250]. Als Idealist verkündet er „die Selbständigkeit und Überlegenheit des Geistes über die Welt der Dinge"[251], wohlwissend, daß der Wunsch „nach autonomer Bildung des Individuums"[252] mit der politischen Wirklichkeit des Staates nicht problemlos

---

[244] Vierhaus, 1985 (wie Anm. 221). S. 5.
[245] Pöggeler, 1974-1981 (wie Anm. 56). Bd. 4. S. 32.
[246] Pöggeler, 1974-1981 (wie Anm. 56). Bd. 4. S. 32.
[247] Vgl. Vierhaus, 1985 (wie Anm. 221). S. 15.
[248] Pöggeler, 1974-1981 (wie Anm. 56). Bd. 4. S. 33.
[249] Der herrnhutische Pietismus wurde Schleiermacher gewissermaßen in die Wiege gelegt. Vgl. Kap. 4.1.
[250] Vgl. Vierhaus, 1985 (wie Anm. 221). S. 19.
[251] Wehrung, Georg: Schleiermacher in der Zeit seines Werdens. Gütersloh 1927 (im Folgenden zitiert als: Wehrung, 1927). S. 246.
[252] Vierhaus, 1985 (wie Anm. 221). S. 18.

zu arrangieren ist[253]. Sein Anliegen war stets, nicht nur theoretische, sondern auch praktische Bildung anzubieten[254], weswegen er unter den führenden Geistern seiner Generation herausragt. Bei keinem anderen lagen „Leben und Denken (...) so untrennbar ineinander"[255]. Von dem Zeitpunkt an als Friedrich Schleiermacher Mitglied des romantischen Zirkels wurde, war er eine Leitfigur des deutschen Idealismus und „neben Johann Gottfried Herder der einzige unter den deutschen evangelischen Theologen, der die nationale Bildung führend beeinflusste"[256].

4.3 Das Ansehen der Greise im 18. Jahrhundert

Die erfreuliche Entwicklung des Altersbildes im ausgehenden 17. Jahrhundert setzte sich auch am Anfang des darauffolgenden Jahrhunderts fort. Noch nie zuvor stimmten „Achtung vor dem Alter und Macht der Alten"[257] so überein wie zu dieser Zeit. Unüberhörbar erschallte „der Ruf nach Toleranz unter den Menschen, Geschlechtern und Generationen"[258], unter anderen von der herrnhutischen Brüdergemeinde mitangestimmt, die das Recht des Einzelnen vertrat, von der Gesellschaft respektvoll behandelt zu werden[259]. Die Aufklärung tat durch das Anprangern sozialer Mißstände ein Übriges, um den gesamten Sektor des Zusammenlebens nachhaltig zum Besseren zu beeinflussen[260].

Während man noch im 16. Jahrhundert „auf eine rasche Erlösung von allen Qualen des Diesseits hoffte"[261], stellte sich nun vermehrt die Frage nach

---

[253] Vgl. Vierhaus, 1985 (wie Anm. 221). S. 18.
[254] Vgl. Vierhaus, 1985 (wie Anm. 221). S. 18f.
[255] Kantzenbach, Friedrich W.: Friedrich Daniel Ernst Schleiermacher. In Selbstzeugnissen und Bilddokumenten. Reinbek bei Hamburg 1967 (im Folgenden zitiert als: Kantzenbach, 1967). S. 150.
[256] Kantzenbach, 1967 (wie Anm. 255). S. 146.
[257] Borscheid, 1987 (wie Anm. 12). S. 151.
[258] Borscheid, 1987 (wie Anm. 12). S. 112.
[259] Vgl. Borscheid, 1987 (wie Anm. 12). S. 112.
[260] Vgl. Borscheid, 1987 (wie Anm. 12). S. 117.
[261] Borscheid, 1987 (wie Anm. 12). S. 127.

einer möglichen Verlängerung des irdischen Daseins, da ein Greis keine gesellschaftliche Randgruppe mehr repräsentierte[262]. Auch Gebrechen, die man 200 Jahre vorher nicht müde wurde aufzuzählen, wandelte man in Tugenden um, ohne sich jedoch ganz vom Bild des verachteten, klapprigen, skurrilen und bösen Alten zu verabschieden[263]. Aufgrund der optimistischen Stimmung des 18. Jahrhunderts erschien es nur wesentlich seltener, wurde weniger thematisiert und gewissermaßen ausgeklammert[264].

Mißklänge erzeugten ab Mitte des Jahrhunderts allerdings die Stürmer und Dränger, deren „hohes Maß an politischer und sozialer Leidenschaft"[265] einen neuen Jugendkult hervorrief, welcher das hohe Alter zwar nur vereinzelt herabsetzte, die Bedeutung der Jüngeren aber deutlich hob[266]. Teile der älteren Generation nahmen diesen Zeitgeist zum Anlaß, sich durch Imitation jugendlicher „Sitten und Gebräuche"[267] ein subjektiv „junges" Gefühl zu verschaffen.

Wer solchermaßen aus der Rolle des noch immer als Vorbild und Wegweiser für die Jugend geltenden alten Menschen fiel, sah sich teilweise harscher Kritik ausgesetzt[268], ja er gab sich sogar der Lächerlichkeit preis und schadete dem Ansehen der Greise. Der Zenit der Altersverehrung war damit überschritten, obwohl die durch den Versittlichungsprozeß seit dem 17. Jahrhundert verinnerlichte Höflichkeit deswegen nicht außer Kraft trat[269]. Man mußte lediglich erkennen, daß hier „eine Art Sozialutopie"[270]

---

[262] Vgl. Borscheid, 1987 (wie Anm. 12). S. 134.
[263] Vgl. Borscheid, 1987 (wie Anm. 12). S. 134.
[264] Vgl. Borscheid, 1987 (wie Anm. 12). S. 134.
[265] Borscheid, 1987 (wie Anm. 12). S. 138.
[266] Vgl. Borscheid, 1987 (wie Anm. 12). S. 138.
[267] Borscheid, 1987 (wie Anm. 12). S. 148.
[268] Vgl. Borscheid, 1987 (wie Anm. 12). S. 149.
[269] Vgl. Borscheid, 1987 (wie Anm. 12). S. 150.
[270] Borscheid, 1987 (wie Anm. 12). S. 151.

vorlag, die sich bei der breiten Masse nur mittel- bis langfristig zu einem Habitus entwickeln

konnte[271]. Wenngleich „mit einer Vielzahl von pädagogischen Mitteln"[272] versucht wurde, die Lehre eines positiv besetzten Altersbildes in den Alltag, also weit entfernt von intellektueller Überhöhung, zu transportieren, blieb die Wertschätzung der Geronten nach wie vor „allein eine Frage der Schichtenzugehörigkeit, des Geldes, zum Teil des Geschlechtes und hing weiterhin sehr stark von religiösen Bindungen ab"[273].

4.4 Der idealistische Bildungsbegriff

In der Reihe der bisher vorgestellten Autoren ist Friedrich Schleiermacher der erste, welcher den Begriff „Bildung" explizit in den Mund nimmt[274]. Seiner idealistischen Vorstellung nach soll damit „der Weg der aktiven geistigen und sittlichen Selbstformung des Menschen in der Auseinandersetzung mit der Welt mit dem Ziel, eine persönliche Form gegenüber dem Stoff des Lebens zu verwirklichen"[275], beschritten werden. In der bisherigen Bildungstradition verband man mit Bildung fast ausschließlich didaktische Bestrebungen, wohingegen jetzt der Gedanke einer pädagogisch-anthropozentrisch begründeten Sichtweise überwog[276]. Somit ließ sich der Bildungsbegriff auch nicht mehr nur auf die Schulzeit verkürzen, denn die ihm jetzt innewohnende Dynamik erforderte eine ständige Neujustierung im Widerstreit mit der Welt[277]. Dabei waren den Überlegungen der führen-

---

[271] Vgl. Borscheid, 1987 (wie Anm. 12). S. 151.
[272] Borscheid, 1987 (wie Anm. 12). S. 151.
[273] Borscheid, 1987 (wie Anm. 12). S. 151.
[274] Vgl. Schleiermacher, Friedrich D. E.: Werke. Auswahl in vier Bänden. Neudruck der 2. Auflage Leipzig 1927-1928. Aalen 1967 (im Folgenden zitiert als: Schleiermacher, 1967). Bd. 4. S. 467f.
[275] Pöggeler, 1974-1981 (wie Anm. 56). Bd. 4. S. 33.
[276] Vgl. Pöggeler, 1974-1981 (wie Anm. 56). Bd. 4. S. 35.
[277] Vgl. Pöggeler, 1974-1981 (wie Anm. 56). Bd. 4. S. 35.

den Köpfe drei identische Motive immanent: *alle (1.)* Menschen hätten die *Verpflichtung (2.), ein Leben lang (3.)* nach Menschlichkeit zu streben[278]. Um diesen humanistischen Gedankengang, vor allem die Nachhaltigkeit der Selbstbildung, zu gewährleisten, muß nach Schleiermacher die Pädagogik „eine unterstützende Tätigkeit"[279] ausüben, wodurch sich „die Bewahrung und Herausgestaltung der Individualität"[280] als Erziehungsziel erst verifizieren kann. Daß diese Hilfe für den „Prozeß des Sich-Bildens"[281] nicht auf einen exklusiven Personenkreis und ein bestimmes Lebensalter bezogen ist, untermauert der Philosoph, wenn er in einem Brief an seine Schwester schreibt: „„Es scheint mir die unerläßliche Pflicht eines jeden Menschen zu sein (...) andre zu erziehn, es mögen nun Alte sein oder Kinder...""[282].

4.5 Ewige Jugend als Bildungsideal für alte Menschen

1800 erschienen Schleiermachers „Monologen"[283], die seinen Beitrag für die hier zu diskutierende Thematik in Form des Kapitels „Jugend und Alter"[284] enthalten. Das übergeordnete Werk wird nicht, wie an anderer Stelle geschehen, gesondert besprochen, da es weder aus der Sicht eines Greises geschrieben ist noch eine strukturierte Schule des Lebens wie bei Comenius verkörpert und somit nicht zwangsläufig auf den Alterskontext verweist respektive nicht direkt in ihn eingebunden ist. Vielmehr steht die zentrale Frage, „welche geistigen und ethischen Anforderungen an den Menschen zu stellen sind, der in der Lage sein soll, sein Leben selbständig zu führen und die kommende Menschheitskultur zu tragen"[285], dahinter. Die hierfür

---

[278] Vgl. Pöggeler, 1974-1981 (wie Anm. 56). Bd. 4. S. 35.
[279] Schwartz, 1928-1931 (wie Anm. 29): Bd. 4. S. 297.
[280] Schwartz, 1928-1931 (wie Anm. 29). Bd. 4. S. 297.
[281] Pöggeler, 1974-1981 (wie Anm. 56). Bd. 4. S. 35.
[282] Zitiert nach Vierhaus, 1985 (wie Anm. 221). S. 6.
[283] Schleiermacher, 1967 (wie Anm. 274). Bd. 4. S. 401-471.
[284] Schleiermacher, 1967 (wie Anm. 274). Bd. 4. S. 461-471.
[285] Pöggeler, 1974-1981 (wie Anm. 56). Bd. 4. S. 32.

erforderlichen erzieherischen Maßnahmen bettet der Philosoph „in den gesamten Kultur- und Lebenszusammenhang"[286] ein. Von der Warte einer radikalen Individualität[287] aus beleuchtet Schleiermacher in diesem Zusammenhang auch den scheinbar nicht zu vereinbarenden Antagonismus zwischen Jugend und Alter.

Beim Lesen des fünften Monologs, verfaßt im Stile einer Kampfschrift, kann man sich des Eindrucks nicht erwehren, der Verfasser wolle den vermeintlichen Gegensatz regelrecht hinfortfegen:

> „Wie sie es teilen, soll gar nicht das Leben geteilt sein. Es erniedrigt sich selbst, wer zuerst jung sein will und dann alt, wer zuerst allein herrschen läßt, was sie den Sinn der Jugend nennen, und dann allein folgen, was ihnen der Geist des Alters scheint; es verträgt nicht das Leben diese Trennung seiner Elemente."[288]

Statt dessen greifen bei Schleiermacher beide Komponenten ineinander. Die Vorzüge der Jugend widerstreben demnach nicht jenen des Alters, sondern nähren sich gegenseitig[289], sind sogar untrennbar miteinander verbunden. Aus jugendlicher Neugier und Stärke ergibt sich schließlich die Weisheit und Erfahrung, welche später am alten Menschen geschätzt wird, und vice versa ist auch das „wahre Alter (.) zugleich jung in stetiger Bewegung"[290]. Weil das Attribut „alt" mit Stillstand assoziiert wird, ist dieser Zustand faktisch nur zu erreichen, wenn man sich als fertig empfindet, was dem Voranschreiten der Jugend in sorgloser Heiterkeit aber widerspricht[291]:

> „Von mir soll nie weichen der Geist, der den Menschen vorwärts treibt, und das Verlangen, das nie gesättigt von dem, was gewesen ist, immer Neuem entgegengeht."[292]

---

[286] Pöggeler, 1974-1981 (wie Anm. 56). Bd. 4. S. 42.
[287] Vgl. Schwartz, 1928-1931 (wie Anm. 29). Bd. 4. S. 293.
[288] Schleiermacher, 1967 (wie Anm. 274). Bd. 4. S. 468.
[289] Vgl. Schleiermacher, 1967 (wie Anm. 274). Bd. 4. S. 467.
[290] Wehrung, 1927 (wie Anm. 251). S. 244.
[291] Vgl. Schleiermacher, 1967 (wie Anm. 274). Bd. 4. S. 467.
[292] Schleiermacher, 1967 (wie Anm. 274). Bd. 4. S. 467.

Im besten Falle läßt sich Alter demnach nur an äußerlichen Merkmalen, an der Zahl der Lebensjahre, festmachen. Wer sich der Gunst oder Ungunst des Schicksals entzieht und „das Innere dem Äußeren"[293] entgegensetzt, wird kein Sklave der dinglichen Welt sein, sondern ihr mit der schöpferischen „Ursprünglichkeit und Freiheit des Geistes" zu begegnen wissen. Schleiermacher bekennt, einst selbst der „Lust der frohen Jugend"[294] den Rücken zugekehrt und dem „selbstgewählten Joch"[295] einer dem Alter nach damaliger Norm angemessenen, ruhigen Lebensweise nachgegeben zu haben. Sein Geist ließ sich allerdings nicht in die Schranken dieses beklagenswerten Zustandes weisen, weswegen er das unbefriedigende, leise und bedächtige Dasein verwarf und die „freundliche Jugend"[296] zurückrief, welche er nun bis an sein Lebensende nicht mehr missen möchte[297]. Der Philosoph kommt zu dem Schluß, daß das Alter per se keine Schwächung bedeutet, solange der Mensch nur weiterhin „will", und nicht mäßig sondern frisch handelt[298]:

> „Ein selbstgeschaffnes Übel ist das Verschwinden des Mutes und der Kraft; ein leeres Vorurteil ist das Alter, die schnöde Frucht von dem tollen Wahn, daß der Geist abhänge vom Körper."[299]

Schleiermacher vertritt also die Trennung der geistigen und körperlichen Sphäre in ihrer ausgeprägtesten Form. Allein der Wille ist maßgebliche Instanz für das Leben des Menschen, er steht jedem äußeren Verhältnis gleichgültig gegenüber[300]. Dies ist nicht gleichbedeutend mit völliger Ignoranz lebensrelevanter Einflüsse, aber in deren „dürftiges Maß ist ‚nicht die Bildung des Geistes eingeschränkt'"[301]. Insofern kann der Verfasser dem

---

[293] Wehrung, 1927 (wie Anm. 251). S. 241.
[294] Schleiermacher, 1967 (wie Anm. 274). Bd. 4. S. 461.
[295] Schleiermacher, 1967 (wie Anm. 274). Bd. 4. S. 461.
[296] Schleiermacher, 1967 (wie Anm. 274). Bd. 4. S. 461.
[297] Vgl. Schleiermacher, 1967 (wie Anm. 274). Bd. 4. S. 461.
[298] Vgl. Schleiermacher, 1967 (wie Anm. 274). Bd. 4. S. 470.
[299] Schleiermacher, 1967 (wie Anm. 274). Bd. 4. S. 463.
[300] Vgl. Wehrung, 1927 (wie Anm. 251). S. 241f.
[301] Wehrung, 1927 (wie Anm. 251). S. 242.

körperlichen Verfall beruhigt entgegensehen, weil er seinen Geist aufrecht weiß[302]:

> „Aber wer wagt es zu behaupten, daß auch das Bewußtsein der großen heiligen Gedanken, die aus sich selbst der Geist erzeugt, abhänge vom Körper und der Sinn für die wahre Welt von der äußeren Glieder Gebrauch? Brauch' ich, um anzuschaun die Menschheit, das Auge, dessen Nerv sich jetzt schon abstumpft in der Mitte des Lebens?"[303]

Auch der Zeitfaktor spielt bei Schleiermacher keine Rolle. Er mißt den Geist nach qualitativen Kriterien, welche sich durch Unvergänglichkeit auszeichnen. So können weder äußere Taten noch Bewegungen seine Gewalt brechen, handeln und sich mitteilen verzehren ihn nicht[304]:

> „Ist die Bildung ein Verbrennungsgeschäft, das in tote Masse den Geist verwandelt?"[305]

Im Gegenteil bereichert der Austausch mit der Welt den Geist dergestalt, daß die Persönlichkeit laufend schärfere Konturen gewinnt und sich weiterentwickelt, da sie „von dem gemeinschaftlichen Nahrungsstoff der Menschheit"[306] profitiert. Das innere Handeln soll also durch Bildung bestimmt sein. Bei Erscheinen der „Monologen" zählte Schleiermacher gerade einmal 32 Jahre. Wenn er sich „ewige Jugend"[307] schwört, so tut er dies in dem Bewußtsein, bereits das geistige Potential des Alters[308] erreicht zu haben, das ihm die Jugend bewahrt. Und eben diese konservierte Jugend soll ihn später gegen die Schwächen des Alters schützen[309]:

> „Schneller übersieht, was da ist, der geübte Blick, leichter faßt jeder, wer schon viel Ähnliches kennt, und wärmer muß die Liebe sein, die aus einem höhern Grade eigener Bildung vorvorgeht. So soll mir bleiben der Jugend

---

[302] Vgl. Schleiermacher, 1967 (wie Anm. 274). Bd. 4. S. 464.
[303] Schleiermacher, 1967 (wie Anm. 274). Bd. 4. S. 464.
[304] Vgl. Schleiermacher, 1967 (wie Anm. 274). Bd. 4. S. 463.
[305] Schleiermacher, 1967 (wie Anm. 274). Bd. 4. S. 468.
[306] Schleiermacher, 1967 (wie Anm. 274). Bd. 4. S. 463.
[307] Schleiermacher, 1967 (wie Anm. 274). Bd. 4. S. 465.
[308] Neben Bildung nennt der Autor hier Erfahrung und Weisheit als hervorstechendste Merkmale. Vgl. Schleiermacher, 1967 (wie Anm. 274). Bd. 4. S. 468.
[309] Vgl. Schleiermacher, 1967 (wie Anm. 274). Bd. 4. S. 468.

Kraft und Genuß bis ans Ende. Bis ans Ende will ich stärker werden und lebendiger durch jedes Handeln, und liebender durch jedes Bilden an mir selbst."[310]

Man darf nun nicht dem Irrtum unterliegen, die vorgestellte Philosophie der geistigen Jugendlichkeit im Alter könne jene, „nach der Mode der Jugend"[311] herausgeputzten, verspotteten Greise legitimieren, die im Sturm und Drang einen neuen Jungbrunnen entdeckt zu haben glaubten[312]. Sie dürfen sich auch Schleiermachers Verachtung gewiß sein:

„So mögen nur die untergehn, die das innere Handeln nicht kennen, und also mißverstehen den heiligen Trieb, jugendlich sein wollen im äußeren Tun."[313]

Da der Mensch niemals einen vollendeten Bildungsgrad erreichen kann, ist mit dem Weg des sich „immer fertiger"-Bildens das Ziel, nämlich der Erhalt jugendlicher Tugenden im Alter, bereits erreicht[314]. So entwickelt sich das Leben zwar kontinuierlich auf den Tod, nicht aber auf einen trostlosen, der Jugend diametral entgegengesetzten Zustand der Stumpfheit oder Schwachheit zu[315]. Solange der Geist beweglich, Neuem zugewandt und innerlich tätig bleibt, werden „die Schwächen des Alters"[316] nicht ins Blickfeld des Individuums geraten:

„(.) Durch das Anschaun seiner selbst gewinnt der Mensch, daß sich ihm nicht nähern darf Mutlosigkeit und Schwäche: denn dem Bewußtsein der innern Freiheit und ihres Handelns entsprießt ewige Jugend und Freude. Dies hab' ich ergriffen und lasse es nimmer, und so seh' ich lächelnd schwinden der Augen Licht, und keimen das weiße Haar zwischen den blonden Locken. Nichts, was geschehen kann, mag mir das Herz beklemmen; frisch bleibt der Puls des innern Lebens bis an den Tod."[317]

---

[310] Schleiermacher, 1967 (wie Anm. 274). Bd. 4. S. 467.
[311] Borscheid, 1987 (wie Anm. 12). S. 148.
[312] Vgl. hierzu Kap. 4.3.
[313] Schleiermacher, 1967 (wie Anm. 274). Bd. 4. S. 469.
[314] Vgl. Wehrung, 1927 (wie Anm. 251). S. 245.
[315] Vgl. Schleiermacher, 1967 (wie Anm. 274). Bd. 4. S. 461.
[316] Schleiermacher, 1967 (wie Anm. 274). Bd. 4. S. 465.
[317] Schleiermacher, 1967 (wie Anm. 274). Bd. 4. S. 471.

4.6 Schlußfolgerungen

Der Philosoph, Pädagoge und „in der Berliner Gesellschaft wohl auch" modische „Prediger und Seelsorger"[318] Schleiermacher insistiert geradezu trotzig auf seinem Schwur der ewigen Jugend. Bewußt ignoriert er äußere Zeichen des Alters, konzentriert sich ganz auf die innere Tat des Geistes, welche seiner These nach unvergänglich ist. Diese Haltung findet ihre Erklärung einerseits in der Bildungseuphorie des späten 18. und frühen 19. Jahrhunderts. Einen kleinen Einfluß könnte jedoch auch die Tatsache gehabt haben, daß Bildung für die meisten, die sich mit einer adäquaten Bildungstheorie auseinandersetzten, „eine Existenzgrundlage"[319] darstellte. So auch für Schleiermacher. Obschon bei den Berliner Romantikern auch Adelige verkehrten, lebten viele herausragende Köpfe aus diesem Kreis allein von öffentlichen Mitteln, die für erzieherische oder künstlerische Tätigkeiten vergeben wurden[320].

Der Geist dominiert bei Schleiermacher über die Welt, von welcher höchstens Anregungen für ein auf den Menschen selbst gerichtetes Handeln ausgehen können[321]. Dieses Machtverhältnis kommt besonders im Alter zum Tragen, wenn „der innern Gesundheit und Fülle übermütiges Gefühl"[322] zu schwinden droht. Frühzeitig angelegte Bildsamkeit verschafft dem Greis eine Gelassenheit gegenüber dem letzten Lebensabschnitt, weil auftretende Anfälligkeiten abgewehrt oder vernachlässigt werden können. Statt des geflügelten Wortes „Man ist so alt wie man sich fühlt", müßte es bei Schleiermacher folgerichtig heißen: „Der Mensch ist so alt wie er sich selbst macht". „Wohl kann nicht jeder Mensch alles haben, was schön und

---

[318] Vierhaus, 1985 (wie Anm. 221). S. 4.
[319] Mollenhauer, Klaus: Der Frühromantische Pädagoge. In: Lange, Dietz (Hrsg.): Friedrich Schleiermacher: 1768-1834. Theologe-Philosoph-Pädagoge. Göttingen 1985. S. 193-216 (im Folgenden zitiert als: Mollenhauer, 1985). Hier: S. 198.
[320] Vgl. Mollenhauer, 1985 (wie Anm. 319). S. 198.
[321] Vgl. Wehrung, 1927 (wie Anm. 251). S. 241.
[322] Schleiermacher, 1967 (wie Anm. 274). Bd. 4. S. 461.

gut ist; aber unter die Menschen sind die Gaben verteilt, nicht unter die Zeiten."[323]

---

[323] Schleiermacher, 1967 (wie Anm. 274). Bd. 4. S. 466.

5. Arthur Schopenhauer (1788-1860)

5.1 Biographische Auszüge aus Schopenhauers Leben

Als Arthur Schopenhauer, geboren am 22. Februar 1788 in Danzig, im Alter von fünf Jahren mit seinen Eltern nach Hamburg übersiedelt, bedeutet dies einen Abschied von der „Heimat", einem Gefühl, das er Zeit seines Lebens an keinem anderen Ort nocheinmal verspüren wird[324]. Seine Kindheit ist geprägt von einer mehrjährigen „Bildungsreise durch England, Frankreich und Italien"[325], mit welcher der Vater ihn für den Kaufmannsberuf begeistern will. So gelangt er zu einer weltmännischen Ausbildung, die eigentlich auf Schopenhauer als den künftigen Eigentümer des familieneigenen Handelshauses zielt[326]. Nach dem Tod des Vaters 1805 folgt er zwar zunächst dessen Wunsch und setzt „die verhaßte kaufmännische Laufbahn"[327] fort, jedoch mehr aus Verpflichtung denn aus Berufung. Schließlich wendet er sich 1809 in Göttingen (und später in Berlin) ganz dem Studium der Naturwissenschaften und der Philosophie zu, da Schopenhauer erkannt zu haben glaubt, daß das Leben eine mißliche Sache sei, und er habe sich vorgesetzt, es damit hinzubringen, über dasselbe nachzudenken[328]. In Jena erlangt er 1813 den Doktortitel und verbringt anschließend einige Zeit in Weimar, wo er Kontakt mit Goethe pflegt, der in ihm einen „„merkwürdigen und interessanten Mann'"[329] sieht. Von 1814-1818 weilt er in Dresden, um sein zentrales Werk „Die Welt als Wille und Vorstellung" zu verfassen. Danach bereist der Philosoph Italien und habilitiert sich 1820 in Berlin[330]. Mit seiner Professur ist er jedoch nicht recht glücklich, liest nur ein Semester, die Zuhörerschaft bleibt aus, und dementspre-

---

[324] Vgl. Hübscher, Arthur: Arthur Schopenhauer: Ein Lebensbild von Arthur Hübscher. 3. Auflage. Mannheim 1988 (im Folgenden zitiert als: Hübscher, 1988). S. 16.
[325] Schwartz, 1928-1931 (wie Anm. 29). Bd. 4. S. 320.
[326] Vgl. Hübscher, 1988 (wie Anm. 324). S. 17.
[327] Hübscher, 1988 (wie Anm. 324). S. 27.
[328] Vgl. Hübscher, 1988 (wie Anm. 324). S. 43.
[329] Zitiert nach Schwartz, 1928-1931 (wie Anm. 29). Bd. 4. S. 321.
[330] Vgl. Schwartz, 1928-1931 (wie Anm. 29). Bd. 4. S. 321.

chend zieht sich Schopenhauer „grollend ins Privatleben zurück"[331]. Während er sich für einen der bedeutendsten Philosophen aller Zeiten hält, versehen ihn die Fachphilosophen mit Ignoranz, was der Zunft der Philosophieprofessoren seinen Haß einträgt[332]. Erneut verbringt er drei Jahre in Italien, bis es ihn, über München und wiederum Berlin, 1831 nach Frankfurt am Main verschlägt, wo die meisten seiner Schriften entstehen[333]. Kurioserweise verschafft erst das letzte, 1852 erschienene Werk „Parerga und Paralipomena" Schopenhauer die verdiente Popularität. Von da an ist er gewissermaßen en vogue, seine Anschauungen rücken „in den Mittelpunkt des öffentlichen Interesses"[334]. Obwohl ihn diese späte Anerkennung nur schwerlich über seine Einsamkeit und Verbitterung[335] hinwegtröstet, stirbt er am 21. September 1860 mit der Gewißheit, der maßgebliche Philosoph des 19. Jahrhunderts geworden zu sein.

5.2 Das 19. Jahrhundert: Schopenhauer als Gegner des Rationalismus

Ab etwa 1830/1840 zeigte sich deutlich eine Abkehr von der klassisch-idealistischen Epoche, die „besonders stark den Fragen der Literatur und der Kunst, der Philosophie und der persönlichen Bildung, also der ideellen Sphäre"[336] zugewandt war. Der noch im 18. und anfangs des 19. Jahrhunderts vertretene philosophische Idealismus wandelte sich zu Naturalismus und Materialismus[337]. Gründe hierfür sind in der Veränderung wirtschaftlicher sowie zivilisatorischer Entwicklungen zu finden. Deutschland verzeichnete durch die konsequente Verwertung naturwissenschaftlicher Erkenntnisse für die Produktion von Gütern einen bis dato noch nicht ge-

---

[331] Schwartz, 1928-1931 (wie Anm. 29). Bd. 4. S. 321.
[332] Vgl. Schwartz, 1928-1931 (wie Anm. 29). Bd. 4. S. 321.
[333] Vgl. Schwartz, 1928-1931 (wie Anm. 29). Bd. 4. S. 321.
[334] Schwartz, 1928-1931 (wie Anm. 29). Bd. 4. S. 321.
[335] Vgl. Roloff, 1913-1917 (wie Anm. 132). Bd. 4. S. 624.
[336] Reble, 1993 (wie Anm. 35). S. 253.
[337] Vgl. Reble, 1993 (wie Anm. 35). S. 253.

kannten ökonomischen Aufschwung[338] in Verbindung mit der Entstehung von Ballungszentren. Da sich die Bevölkerung zwischen 1830 und 1900 mehr als verdoppelte, und viele Bewohner vom Land in die Stadt zogen, wurde aus einem primär agrarisch ausgerichteten ein überwiegend industrieller Staat[339]. Dem allgemeinen Fortschrittsglauben unterwarf man schließlich auch die Kultur, weswegen „das naturwissenschaftliche Denken mechanisierend und technisierend in alle Lebensgebiete"[340] vordrang. Davon war nicht zuletzt auch der Bildungsbegriff betroffen, dem der aus der Goethezeit bekannte „Gedanke umfassender Menschenbildung"[341] immer mehr entzogen wurde. Inzwischen orientierte man sich wieder an eher praktisch ausgerichteten Gesichtspunkten einer Wissensvermittlung. Der Rationalismus und Optimismus der Aufklärung führte erneut Feder, so daß die geistigen und künstlerischen Lebensäußerungen in ganz Europa eine bejahende Weltauffassung widerspiegelten[342].

Und eben gegen jene Bewegung wollte Schopenhauer vorgehen. Als Pessimist konnte er „auf den rationalistischen Hochmut, den Fortschrittstaumel und den naiven Glauben seiner Zeit, daß die Menschheit durch Intellekt, Technik und äußere Organisation glücklicher werden könne"[343], nur verächtlich reagieren. In seinen Augen besteht die Welt vielmehr aus Elend und Leid, das auch mit Hilfe des Intellekts nicht zu überwinden ist[344].

Da die Philosophie auf wissenschaftlicher Ebene vom Thron gestoßen wurde und auch an den Hochschulen nicht mehr wegweisend war, trat Schopenhauer zunächst vorrangig nur als unbeachteter Kritiker der positivistischen Haltung in Erscheinung und setzte ihr sein „individualistisch-

---

[338] Vgl. Reble, 1993 (wie Anm. 35). S. 251f.
[339] Vgl. Reble, 1993 (wie Anm. 35). S. 252.
[340] Reble, 1993 (wie Anm. 35). S. 254.
[341] Reble, 1993 (wie Anm. 35). S. 255.
[342] Vgl. Elzer, 1985 (wie Anm. 34). S. 398.
[343] Reble, 1993 (wie Anm. 35). S. 258.
[344] Vgl. Reble, 1993 (wie Anm. 35). S. 259.

irrationales"[345] Gedankengut entgegen. Erst „im Zeitalter beginnender Kulturkritik"[346] ab etwa 1850 fand er vermehrt bei Intellektuellen Gehör, die ihn bis heute schätzen.

5.3 Das Verhältnis von Gesellschaft und Alter im 19. Jahrhundert

Durch den zunehmenden Industrialisierungsprozeß und die damit einhergehende rationalistische Weltsicht änderte sich auch das Altersbild in der Gesellschaft. Von einem im 18. Jahrhundert noch verhältnismäßig hohen Status ging die Entwicklung hin zu einer geradezu krankhaften Angst vor dem Alter[347]. Die Fortschrittsoptimisten glaubten sich von jenen Fesseln befreien zu müssen, welche die „überkommenen Erfahrungsschätze"[348] der alten Generation angeblich anlegten. Tatsächlich konnte Letztere mit dem beschleunigten Pulsschlag des anbrechenden Industriezeitalters nicht mehr Schritt halten, wenngleich dies nicht unmittelbar von einem Abstieg in der sozialen Hierarchie begleitet wurde[349]. Dennoch erfolgte eine immer stärker in den Vordergrund rückende Problematisierung des Alters, ausgehend von der Glorifizierung junger, leistungsstarker, kräftiger, anpassungsfähiger Menschen[350], wie sie für das kapitalistische Leistungsprinzip des 19. Jahrhunderts, das nur Interesse an der Ausbeutung menschlicher Arbeitskraft hatte, vonnöten waren. Ein über kurz oder lang zwangsläufig eintretender Verlust derselben lenkte den Blick „vom Greisenalter der späten Aufklärung als hauptsächlich" kulturelles „Deutungsmuster mit hoher

---

[345] Reble, 1993 (wie Anm. 35). S. 254.

[346] Elzer, 1985 (wie Anm. 34). S. 399.

[347] Reulecke verwendet in diesem Zusammenhang den Begriff „Gerontophobie„. Vgl. Reulecke, Jürgen: Zur Entdeckung des Alters als eines sozialen Problems in der ersten Hälfte des 19. Jahrhunderts. In: Conrad, Christoph/Kondratowitz, Hans-Joachim (Hrsg.): Gerontologie und Sozialgeschichte. Wege zu einer historischen Betrachtung des Alters (Beiträge zur Gerontologie und Altenarbeit. Bd. 48). Berlin 1983. S. 413-423 (im Folgenden zitiert als: Reulecke, 1983). Hier: S. 413.

[348] Reulecke, 1983 (wie Anm. 347). S. 414.

[349] Vgl. Reulecke, 1983 (wie Anm. 347). S. 414.

[350] Vgl. Reulecke, 1983 (wie Anm. 347). S. 416.

normativer Aufladung, aber geringer praktischer Konsequenz (...) zum Ruhestand im Wohlfahrtsstaat als" neugeschaffene „Lebensphase mit geringem Symbolwert, aber umfassender materieller Bedeutung"[351]. An Stelle einer theoretischen Altersreflexion trat immer mehr die empirische Erforschung des letzten Lebensdrittels, sowohl universal (Körper, Psyche, Soziales) als auch fachspezifisch[352]. Die Überzeugungskraft der „traditionellen Repräsentationen des höheren Alters" verblasste zusehends, da zwischen „der Prämierung des Neuen und Jungen und (.) der zunehmenden Dominanz naturwissenschaftlichen und technischen Denkens"[353] kein Platz für philosophisch überhöhte Betrachtungen blieb. Greisentum entpuppte sich im 19. Jahrhundert kontinuierlich als gesellschaftliches Problem, dessen Kernüberlegung nur noch sozialpolitischen Gehalt aufwies[354].

5.4 Das Alter als Ent-Täuschung

Eingangs seines sechsten Kapitels der „Aphorismen zur Lebensweisheit"[355], das Schopenhauer „Vom Unterschiede der Lebensalter"[356] betitelt, läßt er zunächst Voltaire sprechen, der so treffend formulierte:

„Wer nicht im Geist auf sein Alter eingestimmt ist, hat das ganze Ungemach seines Alters zu tragen."[357]

---

[351] Conrad, Christoph: Vom Greis zum Rentner: der Strukturwandel des Alters in Deutschland zwischen 1830 und 1930. (Kritische Studien zur Geschichtswissenschaft. Bd. 104). Göttingen 1994. Zugl. Kurzfassung von: Berlin, Freie Univ., Diss., 1992 (im Folgenden zitiert als: Conrad, 1994). S. 398.

[352] Vgl. Engelhardt, Dietrich v.: Altern zwischen Natur und Kultur. In: Borscheid, Peter (Hrsg.): Alter und Gesellschaft. Stuttgart 1995. S. 13-23 (im Folgenden zitiert als: Engelhardt, 1995). Hier: S. 20.

[353] Conrad, 1994 (wie Anm. 351). S. 398.

[354] Abzulesen ist dies z. B. an der lebhaften Diskussion über die Altersversorgung von Arbeitern. Vgl. Reulecke, 1983 (wie Anm. 347). S. 416ff.

[355] Schopenhauer, Arthur: Werke in zehn Bänden. Zürich 1977 (im Folgenden zitiert als: Schopenhauer, 1977). Bd. 8. S. 343-540.

[356] Schopenhauer, 1977 (wie Anm. 355). Bd. 8. S. 519-540.

[357] Zitiert nach Schopenhauer, 1977 (wie Anm. 355). Bd 8. S. 519.

Dieses Ungemach benennt Schopenhauer explizit als Krankheit, Langeweile und Einsamkeit[358]. Ob Greise solches zu erdulden haben oder wie sie dem entgehen, soll vorerst noch zurückgestellt werden.

Unter der Voraussetzung tadelloser körperlicher Verfassung gibt es zunächst einmal zwei Wege, um ein hohes Alter zu erreichen. Der Philosoph verwendet zur Schilderung beider eine Öllampe als Metapher. Entweder brennt diese sehr lange, weil der Docht sehr dünn ist und somit nur wenig Brennmittel verbraucht, oder sie überdauert aufgrund eines großen Ölvorrates, so daß der Docht durchaus dicker sein kann. Dabei soll das Öl die Vitalität symbolisieren, der Docht die Intensität ihrer Verausgabung[359]. Ohne seine kaufmännische Vergangenheit verbergen zu können, beschreibt Schopenhauer den Vorgang des Alterns ebenfalls bildlich:

> „Hinsichtlich der Lebenskraft sind wir, bis zum 36sten Jahre, Denen zu vergleichen, welche von ihren Zinsen leben: was heute ausgegeben wird ist morgen wieder da. Aber von jenem Zeitpunkt an ist unser Analogon der Rentenier [von Zinsen Lebende], welcher anfängt, sein Kapital anzugreifen. Im Anfang ist die Sache gar nicht merklich: der größte Theil der Ausgabe stellt sich immer noch von selbst wieder her: ein geringes Deficit dabei wird nicht beachtet. Dieses aber wächst allmälig, wird merklich, seine Zunahme selbst nimmt mit jedem Tage zu: sie reißt immer mehr ein, jedes Heute ist ärmer, als das Gestern, ohne Hoffnung auf Stillstand. So beschleunigt sich, wie der Fall der Körper, die Abnahme immer mehr, – bis zuletzt nichts mehr übrig ist. Ein gar trauriger Fall ist es, wenn beide hier Verglichene, Lebenskraft und Eigenthum wirklich zusammen im Wegschmelzen begriffen sind: daher eben wächst mit dem Alter die Liebe zum Besitze. (...) o trauriges Alter!"[360]

Wie die körperlichen Kräfte schwindet in Schopenhauers Anthropologie auch das geistige Potential, nachdem es spätestens im 35. Lebensjahr seinen Höhepunkt erreicht hat, immerhin nicht sprunghaft sondern gemächlich[361]. Fakt bleibt jedoch, daß in der zu besprechenden Schrift physische wie intellektuelle Degression nahezu gleichzeitig beginnen und Hand in

---

[358] Vgl. Schopenhauer, 1977 (wie Anm. 355). Bd. 8. S. 535f.
[359] Vgl. Schopenhauer, 1977 (wie Anm. 355). Bd. 8. S. 528.
[360] Schopenhauer, 1977 (wie Anm. 355). Bd. 8. S. 528.
[361] Vgl. Schopenhauer, 1977 (wie Anm. 355). Bd. 8. S. 531.

Hand gehen. Davor muß dem Greis allerdings nicht bange sein, denn das Alter entwickelt Kompensationsmechanismen, die durch Bereicherung von Erfahrung, umfangreiches Wissen und gewachsene Erkenntnis Defizite ausgleichen[362]:

> „Sodann nimmt, wie oben gezeigt worden, durch Erfahrung, Kenntniß, Uebung und Nachdenken, die richtige Einsicht immer noch zu, das Urtheil schärft sich und der Zusammenhang wird klar; man gewinnt, in allen Dingen, mehr und mehr eine zusammenfassende Uebersicht des Ganzen: so hat dann, durch immer neue Kombinationen der aufgehäuften Erkenntnisse und gelegentliche Bereicherung derselben, die eigene innerste Selbstbildung, in allen Stücken, noch immer ihren Fortgang, beschäftigt, befriedigt und belohnt den Geist."[363]

Schopenhauer verwendet hier den Begriff „Bildung" im Zusammenhang mit Alter in einem idealistischen Sinne[364]. Der Mensch wird aufgefordert, aus sich selbst heraus seine Befindlichkeit zu verbessern, seinen Geist zu befruchten. Im besten Fall soll er weiterhin an Kunst und Kultur Interesse zeigen, eine „gewisse Empfänglichkeit für das Aeußere"[365] bewahren. Zwar wird das Greisentum durch den Wandel im Umfeld und altersbedingte Plagen notwendigerweise in die Einsamkeit verwiesen[366], welche aber eine positive Umdeutung erfährt. So steht sie für „Entronnen-Sein, nicht Verlassen-Sein, nicht Mangel, nicht defizienter Modus, nicht Abwesenheit-Von"[367], sondern das Glück, die eigene Gesellschaft genießen zu können, sofern dieser Zustand für Einen erträglich ist. Auch wird das Alter nicht zwangsläufig von Langeweile begleitet:

---

[362] Vgl. Hübscher, Arthur: Einübung auf das Alter. In: Hübscher, Arthur (Hrsg.): 55. Schopenhauer-Jahrbuch. Frankfurt a. M. 1974. S. 19-26 (im Folgenden zitiert als: Hübscher, 1974). Hier: S. 24.

[363] Schopenhauer, 1977 (wie Anm. 355). Bd. 8. S. 536.

[364] Eine gedankliche und begriffliche Nähe zu Schleiermacher, den Schopenhauer während seiner Berliner Studienzeit hörte, ist hier trotz aller sonstigen Differenzen unübersehbar. Vgl. Hübscher, 1988 (wie Anm. 324). S. 46f.

[365] Schopenhauer, 1977 (wie Anm. 355). Bd. 8. S. 536.

[366] Vgl. Hübscher, 1974 (wie Anm. 362). S. 20.

[367] Lütkehaus, Ludger: Das Alter ist die Stunde der Philosophie: Schopenhauers Philosophie des Alters. In: Malter, Rudolf/Seelig, Wolfgang/Ingenkamp, Heinz-Gerd (Hrsg.): 66. Schopenhauer Jahrbuch. Frankfurt a. M. 1985. S. 195-199 (im Folgenden zitiert als: Lütkehaus, 1985). Hier: S. 197.

„Sondern sie ist es nur für Diejenigen, welche keine andern, als sinnliche und gesellschaftliche Genüsse gekannt, ihren Geist unbereichert und ihre Kräfte unentwickelt gelassen haben. Zwar nehmen, im höheren Alter, auch die Geisteskräfte ab: aber wo viel war, wird zur Bekämpfung der Langeweile immer noch genug übrig bleiben."[368]

Daneben wirken dem Gefühl der Beschäftigungslosigkeit der subjektiv schnellere Lauf der Zeit und das Verschwinden von Hirngespinsten entgegen[369]. Während die Jugend sich auf eine eudämonistische Jagd begibt, hat der alte Mensch längst die trügerischen Glücksmomente der Welt entlarvt. Der eigentliche Reichtum besteht für ihn nicht im Erlangen von Annehmlichkeiten, sondern im Fernbleiben von Schmerzen, seien sie leiblicher oder geistiger Natur[370]:

„Der Grundcharakterzug des höhern Alters ist das Enttäuschtseyn: die Illusionen sind verschwunden, welche bis dahin dem Leben seinen Reiz und der Thätigkeit ihren Sporn verliehen; man hat erfahren, daß hinter den meisten gewünschten Dingen und ersehnten Genüssen gar wenig steckt und ist so allmälig zu der Einsicht in die große Armuth und Leere unsers ganzen Daseyns gelangt."[371]

Der Gedanke der Ent-Täuschung soll vom Rezipienten durchaus im wörtlichen Sinne verstanden werden. Nicht mehr von jugendlich-utopischen Erwartungen an das künftige Dasein geblendet, begnügt man sich in der zweiten Hälfte des Lebens mit einer erträglichen Gegenwart[372]. Und gerade die aufgegebene Suche nach dem Glück ist das eigentlich glücksfördernde Moment in Schopenhauers Altersphilosophie. Erkennt man das Leid als real vorherrschend an, folgen Ruhe, Gelassenheit, Milde und sogar Heiterkeit auf dem Fuße. Es lehrt, befreit „von fortwährend getäuschter Hoffnung und Unzufriedenheit (...), die weise Beschränkung auf die Vermeidung des Unglücks"[373]. Die eigentliche Bildsamkeit des alten Menschen besteht

---

[368] Schopenhauer, 1977 (wie Anm. 355). Bd. 8. S. 535f.
[369] Vgl. Schopenhauer, 1977 (wie Anm. 355). Bd. 8. S. 536.
[370] Vgl. Schopenhauer, 1977 (wie Anm. 355). Bd. 8. S. 536f.
[371] Schopenhauer, 1977 (wie Anm. 355). Bd. 8. S. 537.
[372] Vgl. Schopenhauer, 1977 (wie Anm. 355). Bd. 8. S. 523.
[373] Lütkehaus, 1985 (wie Anm. 367). S. 199.

demnach nicht hinsichtlich seines Intellekts, der ja, wie gezeigt, abnimmt, als vielmehr in Bezug auf „die Möglichkeit der Einsicht, durch seinen Erkenntnisvorsprung"[374]. Obgleich in der Jugend der Grundstein dafür gelegt wird, gewährt erst das Alter den Blick auf die Ganzheit des Lebens[375]:

> „Gegen das Ende des Lebens nun gar geht es wie gegen das Ende eines Maskenballs, wann die Larven abgenommen werden."[376]

Diese zu erlangende Klarheit steht sinnbildlich für einen Neubeginn, für ein spätes Bollwerk gegen die fälschlicherweise beschrittenen Pfade junger Jahre. Damit ist dem Alter eine Eigenwertigkeit beschieden, welche ermöglicht, durch innere Distanz über die Vergangenheit zu reflektieren und moralische Wertungen und Korrekturen vorzunehmen[377]. Nach Schopenhauer ist die Jugend die Zeit der Anschauung, das Alter aber die Zeit des Denkens[378]:

> „Was Einer ‚an sich selbst hat', kommt ihm nie mehr zu Gute, als im Alter."[379]

5.5 Schlußfolgerungen

Die in Kapitel 5.3 geschilderten Umstände machten es Schopenhauers Altersphilosophie, welche auf historisch tradierten Anschauungen basiert, schwer, breite Resonanz zu finden. Im enttheoretisierten 19. Jahrhundert glaubte man sich eher mit lebenspraktischen Altersfragen beschäftigen zu müssen als mit philosophischer Anthropologie, obwohl Letztere diesem Anspruch nicht weniger gerecht wird.

---

[374] Fleiter, Michael: Schopenhauers Philosophie des Alters. In: Malter, Rudolf/Seelig, Wolfgang/Ingenkamp, Heinz-Gerd (Hrsg.): Schopenhauer Jahrbuch. Bd. 68. Frankfurt a. M. 1987. S. 70-81 (im Folgenden zitiert als: Fleiter, 1987). Hier: S. 79.
[375] Vgl. Schopenhauer, 1977 (wie Anm. 355). Bd. 8. S. 532.
[376] Schopenhauer, 1977 (wie Anm. 355). Bd. 8. S. 533.
[377] Vgl. Lütkehaus, 1985 (wie Anm. 367). S. 79.
[378] Vgl. Schopenhauer, 1977 (wie Anm. 355). Bd. 8. S. 531.
[379] Schopenhauer, 1977 (wie Anm. 355). Bd. 8. S. 537.

Denn eigentlich ist in Schopenhauers Essay „Vom Unterschiede der Lebensalter" eine Hommage an das Greisentum zu sehen. Gesellschaftliche Wertschätzung bildet schließlich erst die Grundvorraussetzung, um berechtigte Forderungen stellen zu können. Der Philosoph verhilft dem Altersdasein zu einer differenzierteren Betrachtungsweise, weg vom allein ökonomischen Problem zu der Chance, die es in sich birgt[380]. Gerade in der Industrialisierungsepoche, wo der Mensch nach Verausgabung der Arbeitskraft seinen wirtschaftlichen Nutzen verlor, und der letzte Lebensabschnitt eher als kollektive Unbrauchbarkeit erschien, wies Schopenhauer ihm eine neue, individuelle Bedeutung zu: Das Alter als „die Stunde der Philosophie."[381]

---

[380] Vgl. Fleiter, 1987 (wie Anm. 374). S. 80.
[381] Lütkehaus, 1985 (wie Anm. 367). S. 199.

6. Vergleichende Zusammenfassung

Die Werkanalyse ist nunmehr abgeschlossen, so daß eine banal erscheinende Feststellung bereits jetzt getroffen werden kann: Greisentum und ein damit zusammenhängender Bildungsauftrag war nicht erst seit Mitte des 20. Jahrhunderts von Interesse. Alte Menschen beschäftigten im in dieser Arbeit zu Grunde gelegten Zeitraum ebenso die philosophischen und pädagogischen Geister wie zuvor und danach. Subtiler gestaltet sich schon die Frage, ob hierbei eine Analogie, also eine Art „roter Faden", vorliegt.

Die Auseinandersetzung der Philosophie mit dem Alter läßt sich als stetiger Prozeß beschreiben, der, beginnend im alten Ägypten, auf eine große Tradition zurückblicken kann. Von der Antike mit Vertretern wie Platon, Aristoteles, Cicero oder Seneca spannt sich der Bogen über Hegel und Grimm bis in die Gegenwart[382], wo dieses Thema noch an Aktualität gewonnen hat[383]. Als Glieder der philosophischen Alterskette ordnet man auch Montaigne und Schopenhauer ein[384], das pädagogische Lager steuert Comenius sowie Schleiermacher bei. Jedenfalls befinden sich die vier Autoren in bester Gesellschaft.

Im Rückgriff auf die bereits bestehenden, antiken Theorien findet man bei den Protagonisten der vorliegenden Untersuchung eine Vielzahl von Namen, welche dem geschilderten Prozeß zugeordnet werden können. Montaigne zitiert Ovid, Seneca, Cicero, Horaz[385], Lucrez[386], Comenius beruft sich unter anderen auf Aristoteles, Seneca, Platon, Horaz, Cicero[387].

---

[382] Vgl. Lütkehaus, 1985 (wie Anm. 367). S. 195.
[383] Dies belegen die Versuche von Simone de Beauvoir, Jean Améry, André Gorz, Vladimir Jankelevitch und Karl Jaspers. Vgl. Lütkehaus, 1985 (wie Anm. 367). S. 195.
[384] Vgl. Lütkehaus, 1985 (wie Anm. 367). S. 195.
[385] Vgl. Flake/Weigand, 1915 (wie Anm. 103). Bd. 5. S. 95ff.
[386] Vgl. Flake/Weigand, 1915 (wie Anm. 103). Bd. 2. S. 299.
[387] Vgl. Comenius, 1991 (wie Anm. 179). S. 281ff.

Schopenhauer erwähnt Platon, Aristoteles und Horaz[388]. Wie unschwer zu erkennen ist, gibt es zwischen den aufgezählten Quellen erhebliche Überschneidungen. Friedrich Schleiermacher nennt in seinem Alterspamphlet zwar keine Namen, es ist jedoch bekannt, daß auch er vom antiken Geist beseelt war[389].

Wie in Kapitel 2.2 ausführlich dargelegt, besann man sich in der Epoche der Renaissance römischer und griechischer Kulturgüter, der Humanismus förderte philosophische Schätze zu Tage und verlieh ihnen erneut Geltung, „eine der großen Leistungen Europas, die im Säkularisierungsprozeß der letzten vier Jahrhunderte als Idee und auch als Gesellschaftsmaxime trotz unterschiedlichster Interpretation"[390] stets vertreten war und noch ist.

Das humanistische Ideal als Konstante, gewissermaßen als Formel von der Renaissance bis ins 19. Jahrhundert (und später), stellt die eigentliche Verbindung zwischen den Greisenbildungsentwürfen der vorgestellten Werke dar. Es erfährt bei den einzelnen Autoren zwar inhaltlich verschiedene Ausprägungen, die einerseits durch geistesgeschichtliche Wandlungen zu erklären sind, welche im Hauptteil der Arbeit abgehandelt wurden. Mit der Entwicklungsabfolge von Humanismus zu Aufklärung, Idealismus und Realismus/Pessimismus[391] liegen andererseits aber auch völlig differente philosophische Ausgangsüberlegungen zu Grunde.

Montaigne beschwört das eigene innerste Menschentum durch selbständiges Denken und Handeln, den normativen Urgehalt der Renaissancebewegung[392], Komenský sieht die Humanität des Menschen „nicht in seinem Inneren, nicht an ihm selbst ablesbar, sondern nur in seinen Werken"[393],

---

[388] Vgl. Schopenhauer, 1977 (wie Anm. 355). Bd. 8. S. 520ff.
[389] Das im Griechentum verankerte Menschheitsideal übte als Neuhumanismus immensen Einfluß auf den nationalen Klassizismus aus. Vgl. Schwartz, 1928-1931 (wie Anm. 29). Bd. 2. S. 880.
[390] Elzer, 1985 (wie Anm. 34). S. 206.
[391] Die Aufzählung gilt nur in Verbindung mit den in der Arbeit besprochenen Personen.
[392] Vgl. Schwartz, 1928-1931 (wie Anm. 29). Bd. 4. S. 166.
[393] Schaller, 1970 (wie Anm. 145). S. 106.

Schleiermacher plädiert für die Überlegenheit des Geistes als Antwort auf die mechanisierte Außenwelt[394], während bei Schopenhauer innere Einsicht nur durch Erfahrung und Begreifen in Auseinandersetzung mit Leben und Welt zu erlangen ist[395] und die einst mit dem Humanismus assoziierte positive, diesseitsfreudige Note[396] nahezu in ihr Gegenteil umschwenkt.

Um Mißverständnissen vorzubeugen, sei hier klargestellt, daß es nicht darum geht, Schopenhauer als vermeintlichen Humanisten zu überführen, der er zweifelsfrei nicht war. Es soll vielmehr gezeigt werden, daß sich die genannten Philosophen vor allem bezüglich ihrer Altersreflexionen von nahezu denselben Vorbildern inspirieren ließen.

Als Folge daraus setzen von Montaigne bis Schopenhauer sämtliche Autoren auf das Instrument des Verstandes als einzig praktikablen Antagonisten zu körperlichem Niedergang, allerdings wiederum in verschiedener Intensität.

Was diesen Punkt betrifft, kann man von einer Entwicklung sprechen, welche sich im Verhältnis von Geist zu Körper illustriert. Der Renaissance-Philosoph Montaigne ist noch nicht gänzlich von deren Unabhängigkeit überzeugt, konstatiert aber letztendlich zumindest die Möglichkeit, daß der Geist dem Alter entkommen könne[397]. Von Comenius' pansophischer Warte aus gesehen hat der Verstand die Aufgabe, Physis und Psyche zu einen, damit der Mensch seiner Ganzheitlichkeit gerecht werden kann[398]. Deswegen ist der Geist in conclusio über die materielle Welt erhaben, da er über sie verfügt. Am ausgeprägtesten zeigt sich die Independenz bei Schleiermacher, der das Äußere, Weltliche, höchstens als Anstoß sieht, körperliche Defizite gänzlich ignoriert und sich vollständig auf sein Inneres, Geistiges, fokussiert[399]. Schopenhauers Ansatz geht ebenfalls von einer inneren, den

---

[394] Vgl. Wehrung, 1927 (wie Anm. 251). S. 241.
[395] Vgl. Elzer, 1985 (wie Anm. 34). S. 400f.
[396] Vgl. Schwartz, 1928-1931 (wie Anm. 29). Bd. 2. S. 878.
[397] Vgl. Kap. 2.5.
[398] Vgl. Kap. 3.5.
[399] Vgl. Kap. 4.5.

Geist befruchtenden, selbstbildnerischen Tätigkeit aus, welche dem Alter jedoch nicht auf Schleiermachers radikale Weise trotzt[400].

Der Geist bekommt im Laufe der Zeit also einen immer größeren Stellenwert, dem durch Bildung Rechnung getragen werden soll. Die auffallende philosophische Hochachtung vor dem Alter fördert folglich auch das im wahrsten Sinne des Wortes zu verstehende Selbst-Bewußtsein alter Menschen, welches im Zuge des beschriebenen Fortgangs ebenfalls eine wachsende Größe darstellt. Eben weil dieser Respekt nie wirklich auf breiten gesellschaftlichen Konsens stieß, wurde das „Selbst", der Einzelne, umso zentraler. Eine institutionelle Greisenbildung wie sie in der Einleitung für das 20. Jahrhundert angedeutet wird, war bei Weitem undenkbar, so daß sie von Montaigne bis Schopenhauer ihren akademischen Charakter beibehielt. Es mangelt zwar in keinem der Gedankengebäude an Verhaltensmaßregeln, gutgemeinten Ratschlägen oder Empfehlungen. Doch obwohl dieser praktische Anteil erkennbar ist, handelt es sich insgesamt gesehen um mehr oder weniger theoretische Betrachtungen über das Alter, welche jedoch „nicht die schlechtesten Gesprächspartner und Anreger"[401] sind. Die bedeutenden Texte der Altersphilosophie, von denen in dieser Arbeit vier vorliegen, berücksichtigen „somatische, seelische und auch soziale Faktoren" und halten gleichzeitig „die existentielle Dimension des Themas bewusst"[402]. Wenn sich heute zahllose Teildisziplinen der Gerontologie mit dem letzten Lebensabschnitt immer intensiver beschäftigen, bleibt zu bedenken, daß eine verstärkte Bemühung um das Alter auch die Gefahr in sich birgt, die Betroffenen im Stile eines Cluburlaubs animieren oder gar reanimieren zu wollen[403]. Als Folge daraus „ist es notwendiger denn je, die Selbsttätigkeit und die Selbstreflexion des Subjekts anzusprechen"[404].

---

[400] Vgl. Kap. 5.4.
[401] Lütkehaus, 1985 (wie Anm. 367). S. 195.
[402] Lütkehaus, 1985 (wie Anm. 367). S. 195f.
[403] Vgl. Lütkehaus, 1985 (wie Anm. 367). S. 195.
[404] Lütkehaus, 1985 (wie Anm. 367). S. 195.

7. Historische Impulse für die moderne akademische Altenbildung am Beispiel der Hochschule Holzen

Bis zu einem echten Seniorenstudium, wie es ursprünglich 1978 an der Gesamthochschule Kassel, der Universität Oldenburg und der Pädagogischen Hochschule Ruhr in Dortmund[405] angedacht und vorbereitet wurde, bedurfte es eines langen Anlaufs, dessen erste Etappe 1871 in England begann[406]. Das endgültige Scheitern dieses primären Versuchs, „die Hochschulen zu einer allgemeinen Bildung für alle zu öffnen"[407], war 1918 unter anderem auch dadurch bedingt, daß sich eine Fülle von Professoren dagegen aussprachen, weil sie um wissenschaftliche Qualität und ihre Forschungsaufgabe fürchteten[408]. Aus der Frage heraus, ob Universitäten aufgrund hoher Spezialisierung überhaupt in der Lage seien, einem umfassenden Bildungsauftrag gerecht zu werden, kam es in der Weimarer Republik durch die Volkshochschulbewegung zur Abkoppelung der akademischen Erwachsenenbildung aus dem universitären Kontext[409].

Nach dem Zweiten Weltkrieg erfuhr diese in den vorangegangenen vier Jahrzehnten anhaltende Tendenz des Auseinanderdriftens eine Umkehrung[410]. Die „‚realistische Wende'" deckte schließlich „unabweisbar die zivilisatorische Dimension der Bildung"[411] auf, wodurch sich dann auch akademische Seniorenbildung von 1973, über erste konkrete Umsetzungs-

---

[405] Vgl. Zahn, Lothar: Die akademische Seniorenbildung: eine historische Bilanz in methodisch-didaktischer Absicht. Weinheim 1993 (im Folgenden zitiert als: Zahn, 1993). S. 84.
[406] Vgl. Zahn, 1993 (wie Anm. 405). S. 47.
[407] Zahn, 1993 (wie Anm. 405). S. 51.
[408] Vgl. Zahn, 1993 (wie Anm. 405). S. 51.
[409] Vgl. Zahn, 1993 (wie Anm. 405). S. 53f.
[410] Vgl. Zahn, 1993 (wie Anm. 405). S. 70.
[411] Zahn, 1993 (wie Anm. 405). S. 78.

pläne 1978, bis 1987 ausbreiten konnte, als 43 (west)deutsche Hochschulen Studienangebote für alte Menschen in ihrem Programm hatten[412].

Dem 1995 gegründeten Trägerverein der Hochschule Holzen gingen die Bemühungen jedoch nicht weit genug, vor allem weil die angebotenen Seniorenstudiengänge eine rückläufige Tendenz zeigten und oft nicht mehr als einen Gasthörerstatus beinhalteten[413]. Das Manifest der Institution bringt zum Ausdruck, daß die akademische Weiterbildung Älterer eindeutig im Aufgabenbereich der Universitäten liege, aber wegen Überfüllung, inadäquaten methodisch-didaktischen Konzepten und Finanzierungsnöten derselben „nur in privater Trägerschaft bewerkstelligt werden"[414] könne. Die Besonderheit älterer Studierender wird in dem Privileg gesehen, *frei von äußerer Beeinflussung nach Erkenntnis zu suchen*[415]. Holzen will dafür den geeigneten Rahmen schaffen. Ein zentrales Moment ist dabei „die Kunst des Dialogs als ästhetische Form"[416], *Humanität* verstanden als Befähigung, Gedanken auszutauschen. Wiederum vereinen sich hier zwei Begriffe, welche in der humanistisch-idealistischen Losung „Humanität und Freiheit" ihren symbiontischen Ursprung haben[417]. So verwundert es auch wenig, daß die Hochschule ihre Leitidee unter anderem mit Zitaten von Aristoteles und Horaz untermauert[418]. Ganz bewußt will man „die *alte* Einheit (universitas) der Wissenssuche zurückgewinnen"[419], deren Grundlagen als „Ästhetik" von Alexander Gottlieb Baumgarten im 18. Jahrhundert entwickelt wurden[420] und von ihrem Anspruch her bereits in der

---

[412] Vgl. Zahn, 1993 (wie Anm. 405). S. 90f.

[413] „Von den 43 Hochschulen, die 1987 ein Seniorenstudium anboten, waren 1990 nur noch 23 verblieben." Gemeinnütziger Trägerverein e. V. Hochschule Holzen (Hrsg.): Holzener Hochschulmanifest. Holzen 1996 (im Folgenden zitiert als: Hochschule Holzen, 1996). S. 30.

[414] Hochschule Holzen, 1996 (wie Anm. 413). S. 32.

[415] Vgl. Hochschule Holzen, 1996 (wie Anm. 413). S. 46.

[416] Hochschule Holzen, 1996 (wie Anm. 413). S. 4.

[417] Vgl. Pöggeler, 1974-1981 (wie Anm. 56). Bd. 4. S. 32.

[418] Vgl. Hochschule Holzen, 1996 (wie Anm. 413). S. 5ff.

[419] Hochschule Holzen, 1996 (wie Anm. 413). S. 9.

[420] Vgl. Hochschule Holzen, 1996 (wie Anm. 413). S. 9.

comenianischen Pansophie, nämlich der Forderung nach dem „Bezug zum Ganzen (universalitas)"[421], verankert sind. Im Idealismus bezeichnet der ästhetische Akt das Höchste, wozu die Vernunft in der Lage ist[422]. Die Hochschulkonzeption sieht dabei Ästhetik komplementär zu einem, durch den cartesischen Schnitt zu weit getriebenen, Rationalismus, der an den Universitäten kontinuierlich zur „Spaltung zwischen den Geistes- und Naturwissenschaften"[423] führte. Die bereits von Schopenhauer vertretene Skepsis gegenüber einer allein auf meßbaren Parametern aufbauenden Erkenntnisgewinnung beklagt das Fehlen der ergänzenden, hermeneutischen Komponente. Durch das interdisziplinäre Zusammenspiel von Philosophie, Wirtschaftswissenschaft, Literaturwissenschaft und Kunst mit Naturwissenschaft[424] wollen die Verantwortlichen des Studienkollegs die „Theorie der sinnlichen Wirklichkeitserkenntnis wiederbelebt und der traditionellen Form der logisch-rationalen Suche nach Wissen gleichwertig an die Seite gestellt"[425] sehen. Hierfür bietet man ein *studium generale* sowie ein *studium fundamentale* an[426], in denen Lehrende und Lernende gemeinsam, unter Berücksichtigung ihrer Lebenserfahrung, nach Erkenntnis suchen[427]. Beide Studienansätze wurden im heutigen, fakultativ abgegrenzten, universitären Lehrbetrieb aus den Augen verloren[428]. Vor bereits nahezu 450 Jahren setzte Michel de Montaigne die Forderung nach einem erweiterten Bildungshorizont in Verbindung mit eigener Lebensbetrachtung beispielhaft um. Die entsprechende Würdigung dieser Leistung erfolgte bei der ausführlichen Auseinandersetzung mit dem Werk des Autors in Kapitel 2.4.

---

[421] Comenius, 1991 (wie Anm. 179). S. 13.
[422] Vgl. Hochschule Holzen, 1996 (wie Anm. 413). S. 39.
[423] Hochschule Holzen, 1996 (wie Anm. 413). S. 2f.
[424] Vgl. Hochschule Holzen, 1996 (wie Anm. 413). S. 3.
[425] Hochschule Holzen, 1996 (wie Anm. 413). S. 1.
[426] Vgl. Hochschule Holzen, 1996 (wie Anm. 413). S. 2.
[427] Vgl. Hochschule Holzen, 1996 (wie Anm. 413). S. 2.
[428] Vgl. Hochschule Holzen, 1996 (wie Anm. 413). S. 2.

Die Hochschule Holzen macht es sich zur Aufgabe, die Teilnehmer des Seniorenstudiums zu befähigen und zu ermutigen, „von ihren geistigen Fähigkeiten selbständig Gebrauch zu machen"[429], ein Vorsatz, der bei Montaigne, Comenius, Schleiermacher und Schopenhauer gleichermaßen nachgewiesen werden konnte.

Mit Hilfe von historischer Reflexion, gegenwartsbezogener Analyse und zukunftsgerichtetem Denken soll alten Menschen die bessere Gestaltung ihres individuellen Daseins vermittelt werden[430]. Da das wissenschaftliche Konzept vornehmlich auf Ansätzen des 18. Jahrhunderts basiert, welche ihren Gehalt aber aus noch weiter zurückliegenden Epochen beziehen, begegnet der Rezipient im „Holzener Hochschulmanifest" Idealen, Personen, sowie philosophischen Ansätzen, die eine direkte Linie zu den in dieser Arbeit thematisierten Altersmodellen aufweisen. Gegen Ende des 20. Jahrhunderts wurde in konsequenter Rückbesinnung auf die Geschichte der Greisenbildung zum ersten Mal versucht, die dort vorhandenen Überlegungen institutionell umzusetzen.

---

[429] Hochschule Holzen, 1996 (wie Anm. 413). S. 47.
[430] Vgl. Hochschule Holzen, 1996 (wie Anm. 413). S. 66.

8. Nachwort

Da dieser Arbeit sowohl zeitlich als auch vom Umfang her gewisse Kriterien auferlegt waren, mußten bei der Ausführung Prioritäten hinsichtlich der Themenschwerpunkte gesetzt werden. Das Hauptaugenmerk liegt auf den Alterstexten und dem geschichtlichen sowie persönlichen Umfeld der vier Philosophen/Pädagogen, aus dem heraus sie entstanden. Doch selbst dabei konnte nicht jedem Strang gefolgt, jedem Gedanken oder Ereignis nachgegangen werden. Damit wäre der Rahmen gesprengt worden, weswegen solche als Randnotiz getroffenen Aussagen oft eine knappe Begründung erfahren und überblickender Natur bleiben.

Eine wohlüberlegte Spezifikation verlegt den Hauptteil der vorliegenden Untersuchung in die Historie, die vorhandenen Auswirkungen für die Gegenwart werden am Beispiel Holzen nur skizziert. Dies liegt durch den Titel der Arbeit auf der Hand, sieht den aktuellen Bezug aber auch als Bestandteil einer eigenen, ausführlicheren Studie, wie die gesamte Arbeit sich lediglich als Grundlage für weitergehende Forschung auffaßt.

9. Literaturverzeichnis

9.1 Primärliteratur

Comenius, Jan A.: Pampaedia – Allerziehung (Schriften zur Comeniusforschung. Bd. 20). Übers. hrsg. von Klaus Schaller. Sankt Augustin 1991.

Flake, Otto/Weigand, Wilhelm (Hrsg.): Michel de Montaignes Gesammelte Schriften. München; Berlin 1915.

Gemeinnütziger Trägerverein e. V. Hochschule Holzen (Hrsg.): Holzener Hochschulmanifest. Holzen 1996.

Schleiermacher, Friedrich D. E.: Werke. Auswahl in vier Bänden. Neudruck der 2. Auflage Leipzig 1927-1928. Aalen 1967.

Schopenhauer, Arthur: Werke in zehn Bänden. Zürich 1977.

9.2 Sekundärliteratur

Arnold, Brunhilde: Geschichte der Altenbildung. In: Becker, Susanne/ Veelken, Ludger/Wallraven, Klaus P. (Hrsg.): Handbuch Altenbildung. Theorien und Konzepte für Gegenwart und Zukunft. Opladen 2000. S. 15-38.

Baltes, Paul B.: Die unvollendete Architektur der menschlichen Ontogenese: Implikationen für die Zukunft des 4. Lebensalters. In: Engelkamp, Johannes (Hrsg.): Psychologische Rundschau. Offizielles Organ der Deutschen Gesellschaft für Psychologie. Bd. 48. Göttingen; Bern; Toronto; Seattle 1997. S. 191-210.

Borscheid, Peter: Geschichte des Alters. Bd. 1. 16.-18. Jahrhundert (Studien zur Geschichte des Alltags. Bd. 7). Münster 1987.

Bubolz-Lutz, Elisabeth: Bildung im Alter. Eine Analyse geragogischer und psychologisch-therapeutischer Grundmodelle. 2. Auflage. Freiburg (Brsg.) 1984.

Conrad, Christoph: Vom Greis zum Rentner: der Strukturwandel des Alters in Deutschland zwischen 1830 und 1930 (Kritische Studien zur Geschichtswissenschaft. Bd. 104). Göttingen 1994. Zugl. Kurzfassung von: Berlin, Freie Univ., Diss., 1992.

Elzer, Hans-Michael: Begriffe und Personen aus der Geschichte der Pädagogik. Frankfurt a. M.; Bern; New York 1985.

Engelhardt, Dietrich v.: Altern zwischen Natur und Kultur. In: Borscheid, Peter (Hrsg.): Alter und Gesellschaft. Marburger Forum Philippinum. Stuttgart 1995. S. 13-23.

Fleiter, Michael: Schopenhauers Philosophie des Alters. In: Malter, Rudolf/Seelig, Wolfgang/Ingenkamp, Heinz-Gerd (Hrsg.): Schopenhauer Jahrbuch. Bd. 68. Frankfurt a. M. 1987. S. 70-81.

Friedrich, Hugo: Montaigne. 3. Auflage. Tübingen; Basel 1993.

Friedrichsdorf, Joachim: Umkehr: Prophetie und Bildung bei Johann Amos Comenius (Forschen – lehren – lernen. Bd. 11). Idstein 1995. Zugl.: Karlsruhe. Pädag. Hochsch., Diss., 1994.

Hübscher, Arthur: Arthur Schopenhauer: Ein Lebensbild von Arthur Hübscher. 3. Auflage. Mannheim 1988.

Hübscher, Arthur: Einübung auf das Alter. In: Hübscher, Arthur (Hrsg.): 55. Schopenhauer-Jahrbuch. Frankfurt a. M. 1974. S. 19-26.

Kantzenbach, Friedrich W.: Friedrich Daniel Ernst Schleiermacher. In Selbstzeugnissen und Bilddokumenten. Reinbek bei Hamburg 1967.

Lütkehaus, Ludger: Das Alter ist die Stunde der Philosophie: Schopenhauers Philosophie des Alters. In: Malter, Rudolf/Seelig, Wolfgang/Ingenkamp, Heinz-Gerd (Hrsg.): 66. Schopenhauer Jahrbuch. Frankfurt a. M. 1985. S. 195-199.

Mollenhauer, Klaus: Der Frühromantische Pädagoge. In: Lange, Dietz (Hrsg.): Friedrich Schleiermacher: 1768-1834. Theologe-Philosoph- Pädagoge. Göttingen 1985. S. 193-216.

Palouś, Radim: Die Schule der Alten. J. A. Comenius und die Gerontagogik (Veröffentlichungen der Comeniusforschungsstelle Bochum. Nr. 10). Kastellaun/Hunsrück 1979.

Pöggeler, Franz (Hrsg.): Handbuch der Erwachsenenbildung. Stuttgart; Berlin; Köln; Mainz 1974-1981.

Reble, Albert: Geschichte der Pädagogik. 17. Auflage. Stuttgart 1993.

Rein, W. (Hrsg.): Encyklopädisches Handbuch der Pädagogik. 2. Auflage Langensalza 1903-1911.

Reulecke, Jürgen: Zur Entdeckung des Alters als eines sozialen Problems in der ersten Hälfte des 19. Jahrhunderts. In: Conrad, Christoph/Kondratowitz, Hans-Joachim (Hrsg.): Gerontologie und Sozialgeschichte. Wege zu einer historischen Betrachtung des Alters (Beiträge zur Gerontologie und Altenarbeit. Bd. 48). Berlin 1983. S. 413-423.

Roloff, Ernst M. (Hrsg.): Lexikon der Pädagogik. Freiburg (Brsg.) 1913-1917.

Schaller, Klaus: Die Pampaedia des Johann Amos Comenius. Eine Einführung in sein pädagogisches Hauptwerk. 4. Auflage. Heidelberg 1967.

Schaller, Klaus: Jan Amos Komenský. Wirkung eines Werkes nach drei Jahrhunderten. Heidelberg 1970.

Schwartz, Herrmann (Hrsg.): Pädagogisches Lexikon. Bielefeld; Leipzig 1928-1931.

Vierhaus, Rudolf: Schleiermachers Stellung in der deutschen Bildungsgeschichte. In: Selge, Kurt-Victor (Hrsg.): Internationaler Schleiermacher-Kongreß Berlin 1984. Teilband 1. Berlin; New York 1985. S. 3-19.

Wehrung, Georg: Schleiermacher in der Zeit seines Werdens. Gütersloh 1927.

Zahn, Lothar: Die akademische Seniorenbildung: eine historische Bilanz in methodisch-didaktischer Absicht. Weinheim 1993.

www.ingramcontent.com/pod-product-compliance
Lightning Source LLC
Chambersburg PA
CBHW020131010526
44115CB00008B/1062